새 사람의 DNA

하나님의 자녀가 갖는 특권

새 사람의 DNA

최상훈

규장

프롤로그

나는 하나님의 사랑받는 자녀라는 사실이
100퍼센트 믿어집니다

변화를 갈망하는 이들에게

이 시대는 변화에 대한 갈증이 있습니다. 목회하면서 들었던 크리스천들의 고민은 결국 변화에 대한 갈망이었습니다. '왜 예수 믿고도 삶이 잘 변하지 않는가?' 하는 것입니다. 분명 예배를 통해 은혜도 받고 다짐도 하지만 얼마 지나지 않아 죄를 짓는 모습으로 되돌아가는 모습에 낙심하고 다시 결단하기를 반복합니다.

그러나 하나님께서 우리에게 허락하신 삶은 하루하루 버티는 것이 아니라 누리는 것입니다. 하나님께서는 자녀에게 권세를 주셨고, 그것을 누리며 살아가기를 가장 원하십니다. 그러려면 먼저는 "내가 누구인가?"에 대한 정체성이 명확해야 합니다. 이것이 신앙생활의 출발점이고 변화의 가장 중요한 포인트입니다. 이를 분명하게 인식할 때 놀라운 변화가 일어날 수 있습니다. 이러한 내용을 풀어낸 책이 《하나님의 DNA》(규장)입니다.

이 책의 출간 이후, 섬기는 교회뿐 아니라 세미나를 개최한 교회와

공동체에 놀라운 변화의 간증들이 쏟아졌습니다. 지긋지긋하게 달라붙었던 중독적인 죄가 떨어져 나가고, 절대 변하지 않을 것 같았던 성격이 달라졌다는 것이었습니다. 변화와 회복이 개인을 넘어서 교회와 열방, 공동체에 이르기까지 나타나기 시작했습니다. 참으로 감사한 일이었습니다. 더 많은 분들이 이 책을 읽고 나눌 수 있도록 교재로도 출간해달라는 교회의 요청이 있었고, 이를 위해 중보 기도팀과 함께 작정 기도회를 하며 교재 제작에 돌입하여 《하나님의 DNA》의 실전 교재인 《새 사람의 DNA》를 출간하게 되었습니다.

새 사람의 DNA의 비전

책 제목을 '새 사람의 DNA'(DNA Of A New Man)로 정한 것은 기도 중에 하나님께서 골로새서 3장 10절 말씀을 주셨기 때문입니다.

새 사람을 입었으니 이는 자기를 창조하신 이의 형상을 따라 지식에까지 새롭게 하심을 입은 자니라 골 3:10

　우리는 그리스도의 죽음과 부활로 인하여 하나님의 형상, 곧 창조의 원형으로 회복되었습니다. 그 결과 우리는 새로운 피조물, 즉 새 사람이 되었습니다. 그러나 새 사람(의인)이라 칭함을 받은 자의 신분으로만 만족하는 것이 아니라, 계속해서 자라나며 그리스도의 장성한 분량까지 날마다 성숙해가야 하는 것입니다.
　《새 사람의 DNA》 교재는 신분이 변한 우리가 성숙해갈 수 있는 힘과 방향을 명확히 알려줄 것입니다. 내적으로는 주님과 더욱 친밀한 생활을 하게 될 것이고, 새 사람의 DNA에 걸맞게 삶 속에서도 신앙생활의 기쁨과 은혜를 누리게 될 것입니다.

하나님의 형상에 숨겨진 놀라운 힘

하나님의 형상(하나님의 DNA)으로 창조된 우리에게는 하나님으로부터 위임된 권세, 능력, 성품이 이미 내재되어 있습니다. 사탄은 우리에

게 이러한 권세가 주어졌다는 사실을 누구보다 잘 알고 있습니다. 그래서 계속해서 이것을 의심케 하고 믿지 못하게 합니다. 우리가 누구인지부터 망각시켜버리는 것입니다. 이것이 능력과 변화의 출발점이기 때문입니다.

저 역시 하나님께서 주신 정체성을 분명히 인식하기 전에는 여러 번 사탄의 속임수에 넘어가기도 했습니다. 부모님과 떨어져 남의 손에 맡겨진 3년, 아프리카 선교사 시절 아내의 풍토병, 신생아 아들의 패혈증, 두 살 된 아들의 죽음 등 삶 가운데 깊은 상처로 남겨질 만한 일도 있었습니다.

그러나 내가 어떠한 정체성을 가지고 있는지를 분명히 알았을 때, 하나님이 나와 함께하심이 관념이 아닌 실제로 와닿았습니다. 말할 수 없는 평안이 밀려와 상처를 치유할 뿐만 아니라, 어떤 상황도 뛰어넘는 놀라운 믿음이 부어지게 되었습니다. 감정이나 느낌과는 아무 상관 없이 언제나 '나는 하나님의 사랑받는 자녀'라는 사실이 100퍼센트 믿어지게 되었고, 더 어려운 문제까지도 거뜬히 돌파할 수 있는 힘을 갖게 되었습니다.

새 사람의 DNA를 기대하며

아무리 큰 은혜를 받아도 늘 제자리걸음인 것 같다면, 먼저 자신을 어떤 존재로 여기며 살아가는지를 점검해야 합니다. 이것만 바로 잡아도 삶이 완전히 달라지기 때문입니다. 하나님 안에서 당신은 어떤 존재입니까? 당신은 하나님의 형상대로 만들어진 존재입니다. 하나님은 당신을 너무나 사랑스럽게 여기십니다. 그런데 당신은 자신을 하나님의 소중한 존재라고 생각하십니까? 이 질문에 마음 깊은 곳에서부터 "네"라고 답할 수 있습니까? 내가 나를 보기에도 사랑스럽지 않게 느껴진다면, 이러한 정체성이 어색할 수도 있습니다.

그러나 본 교재와 함께 계속해서 배우고, 읽고, 선포하다보면, '하나님의 사랑받는 자'라는 정체성이 동의되고 믿어질 것입니다. 하나님께서 당신에게 알려주고 싶으셨던 놀라운 정체성을 이 책을 통해 경험할 수 있으면 좋겠습니다. 당신은 하나님의 사랑받는 자입니까? 당신은 하나님의 기뻐하는 자입니까? 이 책을 다 마친 후에는 이 질문에 "네"라고 답할 수 있을 것입니다.

하나님의 형상이 온전히 회복된 자신의 모습을 상상하며, 부푼 마음으로 한 장씩 넘겨보시기 바랍니다. 변화를 갈망하는 당신에게, 예

주님을 닮아가고 싶은 당신에게, 끊이지 않는 죄의 문제로 지쳐 있는 당신에게 일어날 하나님의 놀라운 새 일을 기대하며 시작하시기 바랍니다.

최상훈

이 책의 활용법

○ 본 교재는 총 10과(10주)로 구성되어 있습니다. 한 과당 총 네 개의 소단원으로 구성됩니다. 교재를 천천히 읽기만 해도 영적 성장에 많은 도움이 될 것입니다.

○ 시작 전, 과별 주제 말씀을 먼저 읽어봅니다. 소그룹과 함께할 경우 공부 시작 전에 함께 읽어봅니다. 본문은 이해를 돕는 예화와 이론으로 구성되어 있습니다. 초신자도 읽기 쉽게 풀어 쓴 책이므로, 본문을 처음부터 끝까지 반복하여 읽어보면 이해하기에 어렵지 않을 것입니다.

○ 묵상과 질문을 통한 구체적인 적용 포인트를 수록해두었습니다. 소그룹과 함께할 경우 예습하며 미리 질문에 답을 해보는 것도 좋습니다. 질문에 답하기 위해서는 묵상의 시간이 필요합니다. 답을 미리 적은 후, 모임에서는 리더의 인도에 따라 서로 나눠보시기 바랍니다. 본문이나 성경 구절을 참고하면 질문에 쉽게 답할 수 있습니다.

차례

프롤로그
이 책의 활용법

1과 새 사람의 첫걸음
1. 나는 누구인가 · 21
2. 나는 하나님의 형상대로 창조된 자입니다 · 28
3. 나는 하나님의 사랑받는 자녀입니다 · 35
4. 나는 새 사람이 되었습니다 · 41

2과 신분의 변화
1. 하나님 자녀의 신분이 회복됩니다 · 47
2. 하나님과의 관계가 회복됩니다 · 52
3. 자녀의 평안한 삶이 회복됩니다 · 58
4. 자녀의 정체성을 날마다 기억해야 합니다 · 64

3과 권세의 회복
1. 자녀이면 또한 상속자입니다 · 71
2. 세 가지 권세가 주어졌습니다 · 77
3. 모든 권세의 결론은 예수 그리스도의 이름입니다 · 82
4. 예수의 이름을 아는 것에 머물지 말고 사용해야 합니다 · 88

4과 영의 정체성
1. 하나님과의 관계 회복 · 97
2. 우리는 그리스도와 연합된 존재입니다 · 101
3. 새 영을 받으면 특권을 누립니다 · 107
4. 영의 정체성으로 자라나야 합니다 · 111

5과 감정의 선택
1. 감정은 무엇인가 · 121
2. 감정을 다스리는 세 가지 태도 · 126
3. 감정보다 말씀을 믿어야 합니다 · 132
4. 감정에 지지 않는 실제적 방법 · 140

○ 읽기를 모두 마친 후에 구체적인 계획을 세워 실천해보고, 시행한 후에 소감도 적어봅니다. 묵상과 기록을 할 때 더욱 효과적인 영적 도구로 활용할 수 있습니다.

○ 선포에서 가장 중요한 것은 반복과 꾸준함입니다. 하루 중 시간과 횟수를 정해 반복적으로 소리 내어 선포해보시기 바랍니다. 무의식중에도 선포문이 기억날 정도로 반복하다보면, 성경적 정체성이 삶에 녹아들 것입니다.

○ 10주 과정을 모두 마친 후에도 선포문을 따로 떼어 선포해보시기 바랍니다. 교재를 공부하는 것에 그치지 않고 삶 속에서 반복적으로 선포하며 적용해나가면 '하나님의 DNA'가 일상의 삶 속에서 '새 사람의 DNA'로 세워져 가는 놀라운 은혜를 경험하게 될 것입니다.

하나님의 형상은 연약함도, 부족함도 없습니다. 그럼에도 불구하고, 내 안에서는 종종 이런 생각이 들 수 있습니다.

'나는 원래 이런 것은 잘 못해.'
'예전부터 나는 이런 일에 자신이 없어.'

이제 우리가 기억해야 할 중요한 사실은 하나님은 완전하시고 선하신 분이라는 것입니다. 하나님이 우리에게 주신 그분의 형상 또한 선하고 완전합니다. 그러므로 '나는 이것밖에 안 되는 사람이야'라고 생각하는 대신, '나는 하나님의 형상을 가진 온전한 자입니다'라고 생각하고 말해야 합니다. 이러한 생각을 인식하고 입으로 고백할 때, 내 안에 있는 하나님의 능력과 권세를 누릴 수 있기 때문입니다.

Q11. 지난 일주일간 했던 부정적인 생각은 무엇입니까? 다음 표 왼쪽 칸에 적어봅시다. (ex. 난 원래 좀 게으른 편이야 / 나는 다혈질이야)

Q12. 우리는 하나님의 형상을 가진 존재입니다. 그렇다면 우리의 생각은 어떻게 바뀌어야 할지 오른쪽 칸에 적어봅시다.

A.

| 지난주에 했던 말이나 생각 | 하나님의 형상을 닮은 말이나 생각 |

이 아이가 바로 먼 훗날 테네시주의 주지사를 두 번이나 역임한 빈 후커입니다. 그는 자신 전에서 이런 말을 남겼습니다.

"넌 하나님의 아들이야. 하나님의 아들답게 살아!" 목사님의 외침을 들었던 그 날이 테네시주의 주지사가 태어난 날이었습니다."

후커가 자신을 '하나님의 아들'로 여겼을 때, 그는 사생아라는 상처를 벗고 존경받는 인물을 살게 되었습니다. 나를 누구라고 생각하느냐에 따라 삶의 목적과 방향이 완전히 달라지는 것입니다.

우리는 하나님의 사랑받는 자입니다. 영원히 변하지 않을 우리의 정체성은 오직 예수님 안에 있습니다. 우리의 어떠함에 따라 달라지는 정체성이 아니라, 대초부터 우리는 '하나님의 사랑받는 자'로서의 정체성을 가지고 태어났습니다. 이를 기억할 때, 하나님께서 우리 삶에 숨겨놓으신 놀라운 계획과 축복들이 풀어지는 것입니다.

Q16. 매일 아침 "나는 하나님의 사랑받는 자입니다"라고 세 번씩 소리내서 선포해봅시다.

A.

| 차례 |

프롤로그
이 책의 활용법

1과 새 사람의 첫걸음

1 나는 누구인가   21
2 나는 하나님의 형상대로 창조된 자입니다   28
3 나는 하나님의 사랑받는 자녀입니다   35
4 나는 새 사람이 되었습니다   41

2과 신분의 변화

1 하나님 자녀의 신분이 회복됩니다   47
2 하나님과의 관계가 회복됩니다   52
3 자녀의 평안한 삶이 회복됩니다   58
4 자녀의 정체성을 날마다 기억해야 합니다   64

3과 권세의 회복

1 자녀이면 또한 상속자입니다 · · · 71
2 세 가지 권세가 주어졌습니다 · · · 77
3 모든 권세의 결론은 예수 그리스도의 이름입니다 · · · 82
4 예수의 이름을 아는 것에 머물지 말고 사용해야 합니다 · · · 88

4과 영의 정체성

1 하나님과의 관계 회복 · · · 97
2 우리는 그리스도와 연합된 존재입니다 · · · 101
3 새 영을 받으면 특권을 누립니다 · · · 107
4 영의 정체성으로 자라나야 합니다 · · · 111

5과 감정의 선택

1 감정은 무엇인가 · · · 121
2 감정을 다스리는 세 가지 태도 · · · 126
3 감정보다 말씀을 믿어야 합니다 · · · 132
4 감정에 지지 않는 실제적 방법 · · · 140

6과 생각의 분별

1 생각을 분별해야 하는 이유   149
2 생각을 새롭게 해야 합니다   155
3 하나님의 생각을 선택해야 합니다   161
4 생각의 각축장에서 승리하는 방법   168

7과 말의 능력

1 말에는 권세가 있습니다   177
2 무엇을 선포해야 하는가   182
3 새 사람의 말로 바꾸어야 합니다   190
4 선포의 권세를 사용하는 방법   194

8과 그리스도인의 태도

1 겸손은 능력입니다   201
2 순종의 전문가가 됩시다   208
3 가장 큰 은사는 사랑입니다   216
4 우리는 세상의 빛입니다   222

9과 새 사람의 기도

1 의인의 신분으로 구하는 기도   229
2 보혈을 의지하는 회개 기도   234
3 이길 수밖에 없는 말씀 기도   238
4 주의 병에 담는 기도   247

10과 하나님의 형상, 새 사람의 DNA

1 천국 열쇠를 돌리십시오   257
2 선포의 권세를 사용하는 방법   261
3 내 삶의 주인은 예수님이십니다   265
4 새 사람의 삶을 살아가십시오   270

에필로그
Q&A 답안

1과

새 사람의 첫걸음

하나님이 이르시되 우리의 형상을 따라 우리의 모양대로
우리가 사람을 만들고 그들로 바다의 물고기와 하늘의 새와
가축과 온 땅과 땅에 기는 모든 것을 다스리게 하자 하시고
하나님이 자기 형상 곧 하나님의 형상대로
사람을 창조하시되 남자와 여자를 창조하시고

창 1:26-27

1. 나는 누구인가

▶ 1 내가 누구인지 알아야 합니다

　어느 연못가에 새끼 오리들이 태어났습니다. 그중에 한 마리는 다른 오리들보다 몸집도 크고, 깃털 색도 특이하고 못생겨서 오리들 사이에 미운 오리 새끼라고 따돌림을 당하게 됩니다. 결국 미운 오리 새끼는 무리를 떠나 정처 없이 떠돌며 오랜 시간 외로운 날들을 보내게 되었습니다.

　그러다가 어느 호수에 당도하여 우아하게 날아오르는 백조들을 보게 된 미운 오리 새끼는 백조가 너무 부러웠습니다. '나는 왜 이렇게 못생겼을까.' 그 모습을 멍하니 바라보던 미운 오리 새끼 곁으로 백조 한 마리가 다가오더니 이렇게 묻습니다.

　"너는 처음 보는 백조구나. 넌 어디서 왔니?"

　"뭐라고?"

　"너 백조잖아. 그런데 왜 날아가지 않고 여기 있는 거야?"

　미운 오리 새끼는 그 말을 듣고 자신이 남다른 외모를 가진 이유를 깨닫습니다.

'내가 백조였구나.'

자신이 백조임을 깨달은 미운 오리 새끼는 머지않아 다른 백조들과 함께 푸른 하늘을 날아오르게 됩니다.

Q1. 미운 오리 새끼의 진짜 정체는 무엇이었습니까?

A. _____

_____

Q2. 미운 오리 새끼가 백조의 삶을 살게 된 것은 자신이 누구인지 깨달은 후였습니다. 그렇다면 우리가 진짜 변화된 삶을 살기 위해 알아야 할 것은 무엇일까요?

A. _____

_____

'미운 오리 새끼' 이야기는 누구나 한 번쯤 읽어본 적이 있을 것입니다. 미운 오리 새끼가 백조로 변할 수 있었던 이유는 자신이 누구인지를 깨달았기 때문입니다. 그렇다면 당신은 자신을 누구라고 생각합니까? 주님 안에서 내가 어떤 존재인지 알고 있습니까? 오리가 백조였다는 사실을 깨닫듯이, 우리도 '주님 안에서 나는 어떤 존재인가'를 아는 것이 대단히 중요합니다.

… 우리는 진흙이요 주는 토기장이시니 우리는 다 주의 손으로 지으신 것이니이다 사 64:8

2 내가 누구인지 알 때, 세 가지 속성을 알게 됩니다

한 아이가 전쟁으로 부모를 잃고 고아가 되었습니다. 끼니도 제대로 해결하지 못하던 아이에게 어느 날 기적 같은 일이 일어납니다. 부유하고 인품 좋은 부부에게 입양이 된 것입니다.

이전에는 구걸하고 무시당하며 살던 아이였는데, 이제는 부유한 가정에서 부잣집 도련님으로 새로운 삶을 살게 되었습니다. 이전에는 먹을 것이 없어 배를 곯는 날이 더 많았는데, 이제는 언제든지 따뜻한 밥과 반찬, 다양한 음식을 즐길 수 있게 되었습니다. 옷이나 신발도 이전에는 다 해지고 닳은 것만 입고 신었지만, 이제는 깨끗하고 세련된 옷과 신발을 갖추게 되었습니다.

아이의 부모님은 처음이라 모든 것이 낯선 아이에게 천천히 하나씩 알려주기 시작합니다. 식사 예절부터 집안의 문화와 분위기까지, 아이는 누릴 수 있는 모든 것들을 하나씩 배우고 적응해 나갑니다. 이제 아이는 이전의 고아생활을 버리고 부유한 집안의 상속자로서 새로운 삶을 시작하게 됩니다.

아이는 떠돌이 생활을 하던 고아에서, 부잣집 자녀로 새롭게 바뀌었습니다. 신분이 바뀌었기 때문에 삶에서 누리는 것들도 달라졌습니다. 신는 신발이 달라지고, 입는 옷과 먹는 음식도 달라졌습니다. 이제 그는 부잣집 문화에 맞춰 배우고 적응하며 살아가게 되는 것입니다. 이처럼 자신의 정체성을 알게 될 때, '나는 누구인가', '나는 무엇을 가지고 있는가', '나는 무엇을 할 수 있는가'를 알게 됩니다.

Q3. 고아였던 아이가 부잣집에 입양되었습니다. 그러면 이 아이의 신분은 고아일까요? 아니면 부잣집 자녀일까요?

A.

Q4. 고아였던 아이가 부잣집에 입양된 이후, 그가 가진 것과 할 수 있는 것은 무엇인가요? 위 내용에서 찾아 적어봅시다.

A.

3 내가 누구인지 알 때, 놀라운 변화가 시작됩니다

하나님 안에서 내가 누구인지를 깨닫게 되면, 말씀대로 사는 삶이 가능해집니다. 오랜 시간 교회를 다녀도 말씀의 능력을 경험하지 못하는 분들이 많습니다. 예배 시간에 은혜받고 '이제부터 말씀대로 살 거야'라고 결단하지만, 교회 문을 나서자마자 주변의 말 한마디에 마음이 흔들리는 경우도 많습니다.

　사실 누구에게나 하나님의 말씀대로 살고자 하는 갈망이 있을 것입니다. 그러나 여전히 감정, 생각, 말, 태도 등 변화되지 못한 모습 때문에 결국 포기하게 되는 경우가 많습니다. 왜 이렇게 말씀대로 사는 것이 어려울까요? 그 이유는 우리가 우리 의지로 노력한다고 해서 하나님의 말씀을 살아낼 수 있는 것이 아니기 때문입니다.

> 육신의 생각은 하나님과 원수가 되나니 이는 하나님의 법에 굴복하지 아니할 뿐 아니라 할 수도 없음이라 롬 8:7

　우리의 의지로 연약한 부분을 계속해서 다듬고 연단해도, 언젠가는 결국 한계에 부딪히게 됩니다. 물론 하나님의 말씀대로 살기 위해서는 어느 정도의 의지와 노력이 필요하지만, 하나님은 우리가 버티는 것보다 훨씬 넉넉한 승리의 정체성을 허락해주셨습니다. 그 출발점이 바로 '하나님이 보시는 나는 누구인가'를 알아가는 것입니다.

아프리카의 한 마을에 최고 권위자인 추장과 그의 아들이 있었습니다. 그 아들은 외국의 명문 대학에 다니고 있었습니다. 어느 날, 추장 아들이 고향으로 돌아왔습니다. 마을 사람들은 '추장 아들의 결혼 상대는 과연 누가 될 것인가?'라는 이야기로 떠들썩했습니다. 추장 아들과 결혼할 여성은 최고 권위자로 신분이 높아질 수 있기 때문입니다.

　그러던 어느 날, 추장 아들은 암소 열두 마리를 끌고 어디론가 향했습니다. 당시 그 마을에는 결혼 풍습이 있었는데, 여성에게 청혼할 때 암소를 선물로 가져가는 것이었습니다. 보통은 두세 마리였고, 인기 있는 여성의 경우 많게는 다섯 마리까지 받기도 했습니다. 그런데 추장 아들이 열두 마리나 되는 암소를 데려가는 것을 보자 마을 사람들은 궁금증을 갖게 됩니다. '대체 어떤 여성이길래 저렇게 많은 암소를 가져가는 걸까?'

그런데 추장 아들이 도착한 곳은 다 쓰러져가는 초가집이었고, 여인은 부끄러워 나오지도 못하고 숨어 있었습니다. 이 장면을 본 마을 사람들은 자기들끼리 수군거렸습니다.

"추장 아들이 외국에 갔다 오더니, 정신이 어떻게 되었나보다."

"저렇게 볼품없는 집안 여인에게 암소를 열두 마리나 선물하다니."

이 무렵, 마을에서 의료봉사를 하던 한 의사가 있었습니다. 의사는 추장 아들이 여인에게 청혼하는 장면을 본 후 마을을 떠났습니다. 그리고 몇 년 후, 이 마을에 다시 방문하여 추장 아들과 그 아내를 만나게 됩니다. 그런데 그의 아내를 본 의사는 깜짝 놀랐습니다. 예전의 볼품없고 초라했던 여인이 이제는 당당하고 유창하게 영어를 구사하는 세련된 여인으로 변해 있었기 때문입니다. 놀란 의사는 추장 아들에게 어찌 된 일인지 물었습니다. 그때 추장 아들은 이렇게 답했습니다.

"저는 지금까지 아내에게 어떤 요구도 하지 않았습니다. 그저 지금 있는 그대로의 당신을 사랑한다고 이야기했을 뿐입니다. 그런데 아내는 자신이 암소 열두 마리의 가치를 지닌 존재라는 것을 깨닫고, 점점 더 아름다워지고 지적인 여인으로 변화되었습니다."

볼품없고 초라하던 여인이 당당하고 품격 있는 여인으로 바뀔 수 있었던 이유는 단 하나, 자신이 암소 열두 마리를 받을 만한 가치 있는 존재라는 것을 알게 되었기 때문입니다. 여인이 먼저 변하려고 노력한 것이 아니라, 이미 자신이 그만한 가치가 있다는 사실을 깨달은 후, 자연스럽게 변하게 된 것입니다. 이처럼 '하나님께서 바라보시는 나의 정체성'을 아는 것이 진정한 하나님의 자녀로서 능력의 삶을 살아가는 출발점입니다.

Q5. 여인이 암소 열두 마리를 받기 전과 후, 여인의 외모와 태도는 어떻게 달라졌나요?

A.

Q6. 여인의 외모와 태도가 달라진 이유는 무엇인가요?

A.

2. 나는 하나님의 형상대로 창조된 자입니다

1 나는 하나님의 형상대로 지음 받았습니다

저는 어릴 적 매우 소심한 아이였습니다. 낯을 많이 가리고 말수도 적어, 혼자 보내는 시간이 많았습니다. 사람들 앞에 서는 것조차 두려워서 절대 자발적으로 나서지 않았습니다. 중학생 때, 교회에서 대표 기도를 하게 되었는데, 긴장한 탓에 기도문을 끝까지 읽지 못하고 도중에 울며 내려오기도 했습니다.

이런 저의 성격이 완전히 바뀌게 된 계기가 있었습니다. 제가 좋아하던 교회학교 선생님께서 어느 날 제 어깨를 토닥이며 이렇게 말씀하셨습니다.

"상훈아, 나는 네가 앞에 서면 참 든든하다. 너는 말할 때 사람들을 주목시키는 힘이 있는 것 같아."

저는 그 말을 듣고 속으로 의아해했습니다.

'제가요? 저는 대표 기도도 잘 못하는데요….'

그런데 선생님은 확신에 찬 눈빛으로 저를 바라보았고, 그 믿음의 시선은 제 마음을 흔들었습니다. 그날 이후 저에게 놀라운 변화가 생겼습니다. 사람들 앞에서 말을 할 때마다 선생님의 말씀이 떠올랐습니다.

'맞아, 내 말에는 사람들을 주목시키는 힘이 있어.'

선생님의 말 한마디는 제 안에서 점점 커져갔습니다. 마치 원래 말을 잘 했던 사람처럼, 많은 사람 앞에서도 당당히 말을 할 수 있게 되었습니다. 오랜 시간이 지난 후에야 깨달은 것은, 제 안에 메아리처럼 울려 퍼졌던 선생님의 말은 사실, 하나님께서 저에게 주신 정체성의 한 부분이었다는 사실입니다.

누구에게나 자신을 평가하는 목소리가 있습니다. 자신의 성격이나 성향, 습관 등 많은 것을 스스로 규정하고 받아들이며 살아갑니다. 때로는 화를 잘 내거나 게으른 성향을 '난 원래 이런 사람이야'라며 받아들이기도 합니다. 그러나 하나님의 시선은 다릅니다. 하나님께서 우리를 만드실 때, 우리는 세상에서 가장 존귀한 정체성을 가지고 창조되었습니다.

> 하나님이 자기 형상 곧 하나님의 형상대로 사람을 창조하시되 남자와 여자를 창조하시고 창 1:27

하나님께서는 우리를 그분의 형상을 닮은 존재로 만드셨습니다. '형상'이라는 단어는 히브리어로 '첼렘'(םֶלֶצ chellem)이라고 합니다. 이 단어에는 많은 뜻이 있는데, 그중 하나는 '하나님의 반영', '하나님의 그림자', '하나님을 나타냄'입니다. 즉, 우리는 우리가 창조될 때부터 하나님의 속성, 성품이 내재된 존재로 지어진 것입니다. 마치 자녀가 부모의 유전자를 물려받아 부모를 닮듯, 우리도 태초부터 하나님을 닮은 존재로 태어난 것입니다.

가끔 교회에서 아이들을 보면 누구의 자녀인지 바로 알아볼 때가 있습니다. 아빠나 엄마의 눈코입을 똑 닮은 아이들을 보면 "너, 누구 집사님 아들이구나! 누구 장로님 딸이구나!" 하고 단번에 알아봅니다. 이처럼 자녀가 부모를 닮은 이유는 부모의 DNA를 물려받았기 때문입니다. 부모로부터 물려받은 유전자로 인해 부모의 외모나 성격, 체질 등 부모가 가지고 있는 특징을 자녀도 똑같이 닮게 되는 것입니다.

우리는 내가 좋아하는 누군가를 닮았다는 말을 들으면 괜히 기분이 좋아집니다. 그런데 우리는 누구를 닮은 존재일까요? 세상에서 가장 위대하신 하나님을 닮은 존재입니다. 만왕의 왕 되신 하나님의 형상이 우리에게 있다는 것이 얼마나 감격스러운 일입니까?

Q7. 우리는 누구를 닮은 존재일까요? (창 1:26)

A.

우리는 하나님의 형상대로 지음 받은 존재입니다. 하나님의 형상은 눈에 보이거나 느껴지는 것이 아니라, 말씀으로 주어진 것입니다. 우리가 하나님의 형상을 닮은 자녀임을 인식하는 순간부터 놀라운 변화와 성장을 경험하게 됩니다. 내가 얼마나 사랑받는 자인지, 어떤 유업을 가지고 있는지, 어떤 좋은 계획을 가지고 있는지, 얼마나 큰 비전이 있는지 깨닫게 됩니다. 태초부터 주어진 풍성한 축복을 알 수 있게 되고, 그것을 누릴 수 있게 되는 것입니다.

능히 모든 성도와 함께 지식에 넘치는 그리스도의 사랑을 알고 그 너비와 길이와 높이와 깊이가 어떠함을 깨달아 하나님의 모든 충만하신 것으로 너희에게 충만하게 하시기를 구하노라 엡 3:18-19

Q8. 나는 하나님의 형상대로 지음 받았습니다. 아래 빈칸에 내가 원하는 하나님의 성품을 적어봅시다. 그리고 일주일 동안 소리 내어 선포해봅시다. (ex. 온유, 겸손, 기쁨, 사랑 등)

A. 내 안에 하나님의 (   )(이)가 있다!

2 하나님은 나를 보시기에 심히 좋았다고 말씀하셨습니다

새로운 물건이 만들어졌을 때, 그 물건을 가장 잘 아는 사람은 개발자일 것입니다. 특정 목적에 맞게 하나하나 기획하고 설계했기 때문에 그 물건에 대해 가장 잘 알 수밖에 없습니다. 그렇다면 우리를 가장 잘 아시는 분은 누구일까요? 바로 우리를 만드신 창조주 하나님이십니다. 하나님께서는 우리를 그분의 형상을 가진 존재로 창조하시고, "보시기에 심히 좋았더라"라고 말씀하셨습니다.

하나님이 지으신 그 모든 것을 보시니 보시기에 심히 좋았더라 저녁이 되고 아침이 되니 이는 여섯째 날이니라 창 1:31

Q9. 하나님께서 사람을 만드신 후에 하신 말씀은 무엇이었나요? (창 1:31)

A.

Q10. 하나님께서는 우리를 보기에 심히 좋은 존재로 만드셨습니다. 빈칸에 자신의 이름을 적고, 소리 내어 읽어봅시다.

A. (   )(이)는 하나님이 보시기에 심히 좋은 존재입니다.

제가 밤늦게 집에 들어가면, 막내 아이가 잠들지 않고 저를 기다리고 있습니다. 제가 문을 열면 아이는 제 품으로 쏙 안깁니다. 그 모습을 보면 하루 동안 쌓였던 피곤함이 모두 씻겨 내려가는 것 같습니다. 아이를 사랑하기 때문에 보기만 해도 힘이 나고 기분이 좋아지는 것입니다.

…그가 너로 말미암아 기쁨을 이기지 못하시며 너를 잠잠히 사랑하시며 너로 말미암아 즐거이 부르며 기뻐하시리라 하리라 습 3:17

하나님은 기쁨을 이기지 못할 만큼 우리를 사랑하십니다. 우리가 사랑받을 만한 행동을 해서가 아니라, 우리의 존재 자체를 사랑하십니다.

3 하나님의 시선으로 나를 바라보아야 합니다

그렇다면 당신은 자신이 하나님의 사랑스러운 존재라고 생각하십니까? 아니면 '난 사랑받을 자격이 없는 것 같아'라고 느끼십니까? 만약 자신이 사랑받을 자격이 없다고 생각한다면, 그 이유는 아마도 현재나 과거의 연약한 모습 때문일 것입니다. 우리의 영적 상태나 삶의 모습을 돌아보면 '나는 사랑스럽지 않을 때가 더 많은 것 같아'라고 느낄 수 있습니다.

물론 죄를 지었을 때는 반드시 회개하고 죄 사함을 받아야 합니다. 성경에서도 죄를 멀리하고 죄와 싸우라고 말합니다(히 12:4). 그러나 우리의 죄 때문에 하나님의 자녀라는 자격 자체가 박탈당하는 것은 아닙니다. 애초에 자녀의 자격은 우리의 행위가 아니라, 하나님의 은혜로 주어진 것입니다.

너희는 그 은혜에 의하여 믿음으로 말미암아 구원을 받았으니 이것은 너희에게서 난 것이 아니요 하나님의 선물이라 행위에서 난 것이 아니니 이는 누구든지 자랑하지 못하게 함이라 엡 2:8-9

하나님의 형상은 연약함도, 부족함도 없습니다. 그럼에도 불구하고, 내 안에서는 종종 이런 생각이 들 수 있습니다.

'나는 원래 이런 것은 잘 못해.'

'예전부터 나는 이런 일에 자신이 없어.'

이때 우리가 기억해야 할 중요한 사실은 하나님은 완전하시고 선하신 분이라는 것입니다. 하나님이 우리에게 주신 그분의 형상 또한 선하고 완전합니다. 그러므로 '나는 이것밖에 안 되는 사람이야'라고 생각하는 대신, '나는 하나님의 형상을 가진 온전한 자입니다!'라고 생각하고 말해야 합니다. 이러한 생각을 인식하고 입으로 고백할 때, 내 안에 있는 하나님의 능력과 권세를 누릴 수 있기 때문입니다.

Q11. 지난 일주일간 했던 부정적인 생각은 무엇입니까? 다음 표 왼쪽 칸에 적어봅시다. (ex. 난 원래 좀 게으른 편이야 / 나는 다혈질이야)

Q12. 우리는 하나님의 형상을 가진 존재입니다. 그렇다면 우리의 생각은 어떻게 바뀌어야 할지 오른쪽 칸에 적어봅시다.

A.

지난주에 했던 말이나 생각	하나님의 형상을 닮은 말이나 생각

3. 나는 하나님의 사랑받는 자녀입니다

하나님께서는 우리가 주님 안에서 얼마나 사랑받는 존재인지 알기를 원하십니다. 하나님은 예수님의 십자가 사건을 통해 전부를 내어주심으로 그 사랑을 확증하셨고, 우리는 그 사랑 안에서 존귀한 정체성을 기억하며 살아갈 수 있게 되었습니다.

1 아들을 내어주실 만큼 사랑받은 존재입니다

하나님은 우리를 너무나 사랑하셨습니다. 우리가 죄를 지어 하나님과의 관계가 끊어졌을 때, 아들 예수님을 내어주셔서 단절된 관계를 회복하셨습니다. 세상 어디에도 자녀를 기꺼이 내어주는 부모는 없습니다. 자녀가 열 명이라도 한 명도 포기할 수 없는 것이 부모의 마음이기 때문입니다.

어린 시절 우리 집은 극심한 가난에 시달렸습니다. 집안 경제가 어려워지자 부모님은 3년 동안 삼 형제 중 둘째인 저를 다른 권사님 댁에 맡기셨습니다. 그런데 3년 후 어머니가 저를 데리러 오셨을 때, 저를 키워주신 권사님께서 저를 보내지 않으려 하셨습니다. 어머니는 눈물로 호소하며 겨우 저를 데리고 나올 수 있었습니다. 집으로 돌아가던 길에 어머니는 몇 걸음 걷다가 멈춰서서 울고, 또 몇 걸음 가다가 다시 저를 안고 펑펑 울었습니다. 눈물진 어머니의 모습이 지금도 선명하게 기억납니다. 아들이 셋이라도 한 명 선뜻 내어주지 못하는 것이 부모의 마음이었던 것입니다.

아들을 내어주신 사랑은 이미 더 이상 증명할 이유가 없습니다. 세상의 어떤 사랑도 이보다 클 수 없습니다. 그 크신 하나님의 사랑은 지금도 변함없이 우리를 향하고 있습니다.

하나님이 세상을 **이처럼 사랑하사 독생자를 주셨으니** 이는 그를 믿는 자마다 멸망하지 않고 영생을 얻게 하려 하심이라 요 3:16

Q13. 아래 빈칸에 자신의 이름을 적어봅시다. 그리고 소리 내어 읽으면서 하나님의 사랑을 묵상해봅시다.

A. 하나님이 (　　　)(이)를 이처럼 사랑하사 독생자를 주셨으니 이는 그를 믿는 자마다 멸망하지 않고 영생을 얻게 하려 하심이라 (요 3:16)

2 나는 예수님만큼 가치 있는 존재입니다

아내와 연애하던 시절, 저는 전도사 사역으로 몹시 바빴습니다. 교회 일을 마친 후 저녁 아홉 시쯤, 지하철을 타고 버스로 갈아타서 한 시간 정도 떨어진 곳에 사는 아내를 만나러 갔습니다. 겨우 30분 정도 얼굴을 보고 다시 한 시간 걸려 집에 돌아와야 했지만, 잠깐이라도 아내를 보러 가는 그 시간이 저에게는 하나도 아깝지 않았습니다.

사랑하면 아무리 큰 대가를 지불해도 그것이 전혀 아깝지 않게 됩니다. 하나님의 사랑도 그렇습니다. 하나님께서는 우리를 위해 아들을 아끼지 않으셨을 만큼 우리를 사랑하셨습니다.

자기 아들을 아끼지 아니하시고 우리 모든 사람을 위하여 내주신 이가 어찌 그 아들과 함께 모든 것을 우리에게 주시지 아니하겠느냐 롬 8:32

예를 들어, 100만 원짜리 컴퓨터가 있다고 가정해봅시다. '100만 원에 사기엔 좀 아깝다'라고 생각한다면, 그 컴퓨터는 100만 원의 가치가 없다고 느껴지는 것입니다. 반면 '와, 이걸 100만 원에 살 수 있다고? 대박이다!'라고 생각한다면, 그 컴퓨터는 100만 원 이상의 가치가 있다는 뜻입니다. 우리도 마찬가지입니다. 하나님께서 자신의 아들을 아끼지 않고 주신 이유는 우리가 예수님만큼 가치 있는 존재이기 때문입니다. 하나님께서는 우리를 예수님만큼 존귀하게 여기십니다.

Q14. 비싼 돈을 내고도 아깝지 않았던 순간이나 물건이 있습니까? 아깝지 않았던 이유는 무엇인가요?

A.

Q15. 하나님께서 우리를 위해 아끼지 않고 지불하신 대가는 무엇입니까?

A.

우리는 '예수님짜리'의 존재입니다. 이러한 가치는 하나님께서 먼저 우리에게 주신 것입니다. 즉, 우리의 행위에 따라 결정되고 변질되는 가치가 아니라, 존재 자체로 이미 소중한 가치를 지니고 태어난 것입니다. 우리가 붙들어야 할 정체성의 근거는 바로 여기에 있습니다.

3 예수님 안에서 나의 가치를 발견해야 합니다

우리 가치의 근거는 예수님 안에 있습니다. 예수님 밖에서, 세상의 기준으로 우리의 가치를 찾으려 하면 계속 비교하게 되고, 남들보다 뒤처진 것 같거나 부유하지 않다고 느낄 수 있습니다. 갖지 못한 것에 대해 열등감을 느낄 수도 있습니다. 그러나 우리의 진짜 가치는 하나님의 아들이신 예수 그리스도의 가치입니다. 그분 안에서 우리의 진정한 정체성을 찾아야 합니다. 나의 소유의 가치를 높이는 데만 인생을 집중하는 것이 아니라, 나의 존재 자체의 가치를 소중히 여기고 높이기 위해 노력하는 것이 하나님의 백성의 본질입니다. 본질적인 나의 가치를 아는 것에서 진정한 나의 삶이 시작됩니다.

미국의 테네시주의 작은 마을에 벤 후퍼라는 아이가 태어났습니다. 그는 아버지가 누구인지도 모르는 사생아로 태어나 동네 사람들의 따돌림을 받으며 어린 시절을 보냈습니다.

후퍼가 12살이 되었을 때, 어떤 젊은 목사님의 설교가 좋다는 소문을 듣고 몰래 교회에 나가게 됩니다. 예배 후 조용히 나가려던 그에게 목사님이 물었습니다.

"넌 누구니? 네가 누구 아들이더라?"

후퍼가 사생아라는 사실을 알고 있던 사람들은 수군거리기 시작합니다. 후퍼는 뭐라 답해야 할지 몰라 식은땀을 흘리며 서 있었습니다. 그런데 목사님이 갑자기 무릎을 치며 이렇게 말했습니다.

"아, 네가 누구의 아들인지 알겠다! 네가 아버지를 닮아서 단번에 알아볼 수 있었지!"

그러고는 잊을 수 없는 한마디를 덧붙였습니다.

"넌 하나님의 아들이구나!"

후퍼는 한 대 얻어맞은 듯한 충격을 받고, 황급히 교회를 떠났습니다. 도망치듯 교회 밖으로 나가는 그의 등 뒤로 목사님의 외침이 들렸습니다.

"하나님의 아들! 하나님의 아들답게 훌륭하게 살아라!"

평생을 어딘가에 소속되어본 적도, 누군가의 아들로 살아본 적도 없는 후퍼는 그날부터 '하나님의 아들'로서 새로운 삶을 시작하게 되었습니다.

이 아이가 바로 먼 훗날 테네시주의 주지사를 두 번이나 역임한 벤 후퍼입니다. 그는 자서전에서 이런 말을 남겼습니다.

"'넌 하나님의 아들이야. 하나님의 아들답게 살아!' 목사님의 외침을 듣던 그 날이 테네시주의 주지사가 태어난 날이었습니다."

후퍼가 자신을 '하나님의 아들'로 여겼을 때, 그는 사생아라는 상처를 벗고 존경받는 인생을 살게 되었습니다. 나를 누구라고 생각하느냐에 따라 삶의 목적과 방향이 완전히 달라진다는 것입니다.

우리는 하나님의 사랑받는 자녀입니다. 영원히 변하지 않을 우리의 정체성은 오직 예수님 안에 있습니다. 우리의 어떠함에 따라 달라지는 정체성이 아니라, 태초부터 우리는 '하나님의 사랑받는 자'로서의 정체성을 가지고 태어났습니다. 이를 기억할 때, 하나님께서 우리 삶에 숨겨놓으신 놀라운 계획과 축복들이 풀어질 것입니다.

Q16. 매일 아침 "나는 하나님의 사랑받는 자입니다!"라고 세 번씩 소리 내서 선포해봅시다.

A.

4. 나는 새 사람이 되었습니다

1 하나님 안에서 가장 안정된 존재입니다

사람마다 중요하게 생각하는 부분이 있습니다. 어떤 사람은 타인의 시선을 중요하게 생각합니다. 또 어떤 사람은 돈이나 명예를 중요하게 생각합니다.

Q17. 당신의 삶에서 중요하게 여기는 부분은 무엇입니까? 그것 때문에 마음이 흔들리거나 불안했던 적이 있습니까?

A.

우리는 하나님의 형상을 닮은 존재입니다. 하나님께서는 우리가 하나님을 바라볼 때 가장 완전한 존재로 만드셨습니다. 따라서 우리는 하나님의 말씀이 이끄는 삶을 살 때 가장 안정된 존재가 될 수 있습니다.

곧 창세 전에 그리스도 안에서 우리를 택하사 우리로 사랑 안에서 그 앞에 거룩하고 흠이 없게 하시려고 엡 1:4

인생이 무엇에 의해 이끌리는지를 알기 위해서는 평소 자신이 무엇을 말하고, 무엇을 생각하는지 돌아보면 알 수 있습니다. 우리는 말하고 생각하는 것에 의해 그것이 강화되고, 결국 그것이 우리를 지배하게 됩니다. 만약 두려움을 말하면 두려움이 지배하게 되고, 하나님의 말씀을 말하면 하나님의 통치를 받게 됩니다. 그러므로 하나님의 말씀대로 살아가기 위해서는 하나님의 말씀을 많이 생각하고 말하는 연습이 필요합니다.

그러므로 함께 하늘의 부르심을 받은 거룩한 형제들아 우리가 믿는 도리의 사도이시며 대제사장이신 예수를 깊이 생각하라 히 3:1

Q18. 우리는 무엇을 말하고 생각할 때 가장 안정된 존재일까요? 위 내용을 참고하여 답해봅시다.

A.

2 새 사람을 입어야 합니다

우리는 예수 그리스도의 십자가 능력으로 하나님의 형상을 회복하게 되었습니다. 우리의 영은 하나님의 형상으로 회복되었지만, 이 땅에 있는 동안 혼과 육은 아직 옛 모습 그대로입니다. '혼'은 우리의 '지정의'의 모든 영역을 말합니다. 우리의 감정, 생각, 언어, 태도 등 완전하지 않은 모습들을 하나님의 형상에 맞추어 가는 연습이 필요합니다.

하나님을 따라 의와 진리의 거룩함으로 지으심을 받은 **새 사람을 입으라** 엡 4:24

새 사람을 입는다는 것은 생각과 태도와 자세가 새롭게 됨을 의미합니다. 하나님께서 말씀하신 모습으로 일치시키고 연습하는 것입니다. 하나님의 형상은 은혜로 값없이 주어졌지만, 온전한 모습으로 계속 자라나야 합니다. 저절로 자라나는 것이 아닙니다. 거듭 훈련하고 연습하여 하나님의 형상이 우리 삶에서 새 사람의 모습으로 드러나는 것, 이것이 바로 '새 사람의 DNA'입니다.

망령되고 허탄한 신화를 버리고 오직 경건에 이르기를 연습하라 육체의 연습은 약간의 유익이 있으나 경건은 범사에 유익하니 금생과 내생에 약속이 있느니라 딤전 4:7-8 (개역한글)

Q19. 우리는 새 사람의 옷을 입었습니다. 새 사람의 모습에 어울리는 감정, 생각, 언어, 태도에는 어떤 것이 있을까요?

A.

2과

신분의 변화

영접하는 자 곧 그 이름을 믿는 자들에게는
하나님의 자녀가 되는 권세를 주셨으니
요 1:12

1. 하나님 자녀의 신분이 회복됩니다

ⅲ 1 하나님은 언제나 우리를 용서하기 원하십니다

하나님께서 우리를 사랑하신 것은 우리의 어떠함 때문이 아닙니다. 하나님은 먼저 우리를 사랑하셨고, 그분의 아들을 보내심으로 우리와의 화목한 관계를 회복하셨습니다. 하나님은 우리를 용서하기를 원하시며, 자녀의 신분을 회복시키기 위하여 예수님을 보내주셨습니다.

> 사랑은 여기 있으니 우리가 하나님을 사랑한 것이 아니요 하나님이 우리를 사랑하사 우리 죄를 속하기 위하여 화목 제물로 그 아들을 보내셨음이라 요일 4:10

누가복음 15장에는 잘 알려진 '돌아온 탕자' 이야기가 나옵니다. 탕자는 아버지가 살아 계시는데도 불구하고 유산을 요구한 불효자였습니다. 그는 마음대로 유산을 받아 집을 떠났지만, 모든 재산을 탕

진하고 돼지 치는 신세로 전락하게 됩니다. 그리고 결국 아버지의 집으로 돌아가게 됩니다.

Q1. 아들은 결국 누구에게로 돌아가게 되었나요? 그때 탕자의 마음은 어땠을까요? (눅 15:20)

A.

Q2. 우리에게는 돌아갈 품이 있습니다. 그곳은 누구의 품일까요?

A.

유산을 요구했던 자신의 잘못을 알면서도 아버지에게 돌아가는 발걸음은 얼마나 무거웠을까요? '아버지가 과연 나를 용서해주실까?' 하는 두려움도 있었을 것입니다. 하지만 아버지는 멀리서 그를 발견하고 급히 달려가 와락 목을 안고 입을 맞춥니다. 남들이 보기에는 아버지의 유산을 빼앗아 떠난 불효자식이지만, 아버지에게는 그저 사랑스러운 아들이었던 것입니다.

이에 일어나서 아버지께로 돌아가니라 아직도 거리가 먼데 아버지가 그를 보고 측은히 여겨 달려가 목을 안고 입을 맞추니 눅 15:20

이 장면은 마치 죄인인 우리를 두 팔 벌려 안아주시는 하나님의 모습을 연상케 합니다. 여기서 '입맞춤'은 원어로 "깨끗하게 하다", "씻겨 주다"라는 뜻을 포함하고 있습니다. 아들이 죄를 뉘우치고 회개할 마음이 있는지 아직 모르는 상황이었지만, 아버지는 그저 아들이라는 이유만으로 그의 허물을 덮어주었습니다. 이것이 바로 우리를 향한 하나님 아버지의 마음입니다.

Q3. 아들이 집으로 돌아왔을 때, 아버지는 어떤 행동을 하셨나요? (눅 15:20)

A.

Q4. 누가복음 15장 20절에 나온 '입맞춤'은 어떤 의미를 가지고 있나요? 위 내용을 참고하여 적어봅시다.

A.

Q5. 내 죄나 연약함 때문에 기도나 예배의 자리를 피한 적이 있습니까? 그때 하나님의 마음은 어땠을까요?

A.

2 반지로 자녀의 정체성을 회복시켜주십니다

아들을 안아주신 후, 아버지가 가장 먼저 한 일은 자녀의 정체성을 회복시켜주신 것입니다.

아버지는 종들에게 이르되 제일 좋은 옷을 내어다가 입히고 손에 가락지를 끼우고 발에 신을 신기라 눅 15:22

아버지는 아들에게 제일 좋은 옷을 입히고, 손에 반지를 끼워주고, 발에 신을 신겨주었습니다. 이것은 아들이라는 신분을 회복시켜준 것을 의미합니다. 사실 아들은 너무 면목이 없어서 자신을 아들이 아닌 품꾼으로 받아달라고 하려 했습니다(눅 15:19). 그러나 아버지는 아들이 잘못을 뉘우치고 사죄하기도 전에 이미 반지를 끼우고 옷을 입혀줌으로써 아들의 신분을 회복시켜주셨습니다.

탕자에게 반지를 끼워주시는 장면은 마치 우리에게 자녀의 정체성을 회복시켜주신 주님의 모습을 떠올리게 합니다. 왕이신 하나님께서는 죄의 종이었던 우리에게 왕족의 옷을 입혀주셨습니다. 우리는 죄의 종이었지만 이제는 자녀의 신분으로 회복된 것입니다.

그러므로 네가 이 후로는 종이 아니요 아들이니 아들이면 하나님으로 말미암아 유업을 받을 자니라 갈 4:7

탕자에게 급히 달려가 아들의 정체성을 회복시켜주고 싶었던 아버지의 마음처럼, 하나님은 지금도 우리의 정체성을 회복시켜주기를 원하십니다. 우리가 누구인지, 누구의 자녀인지를 분명히 알게 될 때, 그에 따른 권세도 회복되기 때문입니다.

Q6. 아버지는 아들을 맞이한 후 좋은 옷을 입히고 반지를 끼워주십니다. 이러한 행동은 어떤 의미가 있을까요? 위 내용을 참고하여 적어봅시다.

A.

Q7. 하나님께서는 우리를 어떤 신분으로 회복시켜주셨나요? (갈 4:7)

A.

2. 하나님과의 관계가 회복됩니다

하나님의 자녀가 되었다는 사실은 우리 삶에 놀라운 회복을 가져옵니다.

1 자녀의 정체성이 회복되었습니다

종에서 자녀가 된 것은 엄청난 신분의 상승을 의미합니다. 이러한 신분의 회복을 위해 예수님께서는 생명의 대가를 지불하셨습니다. 예수님과 맞바꾼 생명으로 우리가 놀라운 신분 상승의 주인공이 된 것입니다.

> 보라 아버지께서 어떠한 사랑을 우리에게 베푸사 **하나님의 자녀라 일컬음을 받게 하셨는가**… 요일 3:1

왕 되신 하나님께서 아버지가 되셨다는 사실은 우리에게 가장 기쁘고 복된 일입니다. 아버지가 왕이시므로 우리는 왕의 자녀가 되었습니다. 자녀는 아버지의 모든 권한을 함께 누리는 특권을 가집니다. 마찬가지로 하나님의 자녀가 되었다는 것은 자녀인 우리도 하나님의 모든 것을 누릴 수 있다는 의미입니다. 예수님께서 누리셨던 모든 권세를 누릴 수 있고, 예수님께서 행하신 모든 일을 행할 수 있게 된 것입니다. 우리는 자녀로서 아버지의 모든 권한을 상속받은 상속자가 되었습니다.

우리로 그의 은혜를 힘입어 의롭다 하심을 얻어 영생의 소망을 따라 **상속자가 되게 하려 하심이라** 딛 3:7

2 하나님과의 교제가 회복되었습니다

하나님께서 대가를 지불하면서까지 우리를 하나님의 자녀 삼아주신 이유는 무엇일까요? 그 이유는 하나님께서 우리와 인격적으로 교제하기를 원하셨기 때문입니다.

너희를 불러 그의 아들 예수 그리스도 **우리 주와 더불어 교제하게 하시는** 하나님은 미쁘시도다 고전 1:9

하나님은 예수님을 보내서서 우리와 하나님과의 관계를 다시 회복시키셨습니다. 에덴동산에서 하나님과 산책하고 교제했던 것처럼, 우리와 교제하기를 원하셨기 때문입니다.

Q8. 우리는 하나님의 자녀가 되었습니다. 우리를 자녀 삼으시려고 대가를 치르신 분은 누구이며, 그 이유는 무엇일까요?

A.

한 형제가 여자친구와 통화하며 길을 걷고 있었습니다.

"응, 나 지금 지하철역 3번 출구 지나가고 있어."

"응, 지금은 횡단보도를 건너고 있어."

"이제 거의 다 왔어. 점심은 뭐 먹었어? 난 김치볶음밥 먹었어."

대화 내용은 참으로 단순하고 소소했습니다. 그런데 그들에게 내용은 중요하지 않았습니다. 그들에게 중요한 것은 사랑하는 연인과 서로 대화를 나누는 그 자체였습니다. 함께 대화하며 시간을 보내는 것만으로도 그들에게는 행복이었던 것입니다.

사랑하는 연인끼리 소소한 일상을 주고받는 이유는 서로 사랑하는 관계이기 때문입니다. 우리 하나님도 마찬가지입니다. 하나님께서는 사람과 더불어 교제하기 위해 예수님을 보내주셨고, 지금도 우리와 친밀히 대화하기를 원하십니다.

또 십자가로 이 둘을 한 몸으로 **하나님과 화목하게 하려 하심이라** 원수 된 것을 십자가로 소멸하시고 엡 2:16

Q9. 오늘 하루 중 주님과 대화하거나 기도한 적은 언제였습니까?

A. _____
_____

Q10. 지금 주님께 카톡 혹은 메시지를 보낸다면, 어떤 말을 하고 싶은지 적어봅시다.

A. _____
_____

3 친밀한 관계가 회복되었습니다

미국의 존 F. 케네디 대통령이 집무실에서 찍힌 사진이 화제가 된 적이 있습니다. 그의 아들 케네디 주니어가 아버지의 책상 밑에 들어가 놀고 있는 모습이 포착된 것입니다. 대통령 집무실에 마음대로 들어가거나, 일하는 대통령의 책상 밑에서 놀 수 있는 사람은 그의 자녀 외에는 아무도 없습니다. 자녀만이 누릴 수 있는 특권인 것입니다.

어느 날 저녁 예배를 마치고 내려오는데 막내가 농구공을 안고 서 있었습니다.

"아빠, 저 농구 게임 하고 싶어요."

"벌써 시간이 11시인데? 누구랑 하려고?"

"…"

놀아주기를 바라는 눈치였지만, 이미 체력이 바닥난 상태라 최대한 아이를 달래보았습니다.

"그래도 오늘은 너무 늦었어. 깜깜해서 앞도 잘 안 보일 거야. 내일 아빠가 같이 해줄게."

그러자 아이는 아쉬운 듯 공을 이리저리 굴리더니 "혼자라도 갈래요" 하고는 밖으로 나갔습니다. 내내 마음이 편치 않았던 저는 결국 운동화로 갈아신고 밖으로 나섰습니다. 공터 근처로 갈수록 공 튀기는 소리가 들려왔습니다. 어둠 속에서 혼자 공놀이하는 아이를 발견한 저는 반가운 마음에 크게 외쳤습니다.

"아빠 왔다!"

어두웠지만 아이의 입꼬리가 아주 미세하게 올라가는 것이 보이는 듯했습니다. 아이는 갑자기 분주하게 제게 여러 가지 부탁을 하기 시작했습니다.

"아빠, 제가 슛을 하면 핸드폰으로 찍어주세요."

"아빠, 이럴 때는 세로로 찍어주셔야 해요."

"아빠, 공 좀 주워주세요."

비록 피곤했지만, 아이가 기뻐하는 모습을 보니 없던 힘도 생기는 것 같았습니다. 약 30분쯤 지나자 그제야 아이는 "이제 가도 될 것 같아요" 하고는 공을 챙겨 집으로 향했습니다.

자정이 다 되어 고요한 밤, 아무도 없는 그 길을 아이와 나란히 걷자니 마음이 몽글몽글해졌습니다. 별다른 대화는 없어도 함께 걸어가는 발걸음이 마치 구름 위를 걷는 듯 가볍게 느껴졌습니다. 길 위로 길게 늘어진 두 그림자를 보며, 동시에 하나님의 마음이 느껴졌습니다.

'하나님도 내가 편하게 부탁할 때 이렇게 기분이 좋으시겠구나. 이것이 바로 친밀한 관계구나.'

아들이 아버지에게 공놀이하자, 사진 찍어달라, 공 주워달라는 등의 요구를 하는 것은 하나도 불편하거나 무례한 일이 아닙니다. 아버지로서는 오히려 참으로 기쁜 일입니다. 그만큼 아들과 친밀하다는 증거이기 때문입니다. 누군가와 친하다는 것은 언제든 부탁하고 도움을 줄 수 있는 스스럼 없는 사이입니다.

그렇다면 당신에게 하나님은 어떤 존재인가요? 하나님을 진짜 편한 아버지로 대하고 있습니까? 아니면 나를 벌주시는 두려운 존재로만 느껴지십니까? 자녀를 무섭게 훈육하는 부모라도 그 본심에는 자녀를 사랑하는 마음이 있는 것처럼, 하나님의 가장 큰 본심은 사랑입니다. 그러므로 하나님은 자녀가 편하게 무언가 부탁하고 털어놓는 것을 기뻐하십니다. 오히려 우리와 더 많이 친밀하기 원하실 것입니다.

여호와의 친밀하심이 그를 경외하는 자들에게 있음이여 그의 언약을 그들에게 보이시리로다 시 25:14

Q11. 당신이 마음을 터놓을 수 있는 가장 친한 사람은 누구입니까?

A.

Q12. 당신에게 하나님은 어떤 분이신가요? 떠오르는 이미지나 특징을 적어봅시다.

A.

Q13. 하나님께서는 우리와 친밀하기를 원하십니다. 시편 25편 14절 말씀을 읽어보고, 빈칸에 자신의 이름을 넣어 다시 한번 소리 내서 읽어봅시다.

A. 여호와의 친밀하심이 그를 경외하는 (　　　)에게 있음이여 그의 언약을 (　　　)에게 보이시리로다 (시 25:14)

3. 자녀의 평안한 삶이 회복됩니다

1 부정한 여인은 예수님께 나아갔습니다

　우리에게 주어진 자녀의 정체성은 하나님의 은혜로 거저 받은 것입니다. 성경에 보면 예수님께서 자녀의 정체성을 회복시켜주신 사건이 나오는데, 바로 잘 알려진 혈루증 여인의 이야기입니다. 당시 예수님은 회당장 야이로의 딸을 고치러 가고 있었고, 혈루증 여인은 사람들 틈을 비집고 들어가 예수님께 다가갑니다. 그리고 예수님의 옷자락에 손을 대자, 그 자리에서 혈루증이 치유되는 기적을 경험했습니다.

여기서 주목할 만한 점은 여인이 예수님의 옷자락 중 어느 부분에 손을 대었냐는 것입니다. 히브리어 성경에는 '옷 술'이라는 표현이 쓰이고 있습니다. 이 단어는 특별한 의미를 담고 있는데, 구약 시대에 '옷 술'은 단순한 옷의 일부가 아니라 직계 가족만이 만질 수 있다는 전통이 있었습니다. 가족 외 다른 사람이 만지면 처벌을 받을 수도 있습니다. 그런데 가족도 아닌 이 여인이 옷 술에 손을 댄 것이었습니다.

또한 여인은 당시 혈루증을 앓고 있는 부정한 사람이었기 때문에, 그가 만진 모든 것은 부정하게 여겨졌습니다.

부정한 자가 만진 것은 **무엇이든지 부정할 것이며** 그것을 만지는 자도 저녁까지 부정하리라 민 19:22

그럼에도 불구하고, 이 여인이 옷 술을 만졌다는 것은 당시 사회에서는 돌에 맞아 죽을 수도 있는 상황이었습니다. 여인에게는 죽음을 각오한 행동이었던 것입니다.

Q14. 혈루증 앓는 여인이 자신의 병을 고치기 위해 찾아간 분은 누구입니까?

A.

Q15. 인생에서 어려운 문제를 만났을 때, 예수님께 나아가 기도한 적이 있습니까?

A.

2 예수님이 가장 먼저 한 것은, 자녀의 정체성을 회복시켜주신 것입니다

예수님의 옷 술에 손을 댄 혈루증 여인은 즉시 혈루증이 치유되는 기적을 체험합니다. 이때 예수님은 자신의 몸에서 능력이 빠져나갔음을 알고 무리 속에서 그가 누구인지를 찾으십니다.

예수께서 그 능력이 자기에게서 나간 줄을 곧 스스로 아시고 무리 가운데서 돌이켜 말씀하시되 **누가 내 옷에 손을 대었느냐** 하시니 막 5:30

여인은 두려운 마음으로 사람들 앞에 모습을 드러냅니다. 예수님은 두려워 떨고 있는 여인을 향해 이렇게 말씀하십니다.

예수께서 이르시되 **딸아**… 눅 8:48

예수님의 첫 마디는 "딸아"였습니다. 이는 여인의 운명을 완전히 바꾼 한 마디였습니다.

Q16. 예수님이 여인을 향해 부른 첫 마디는 무엇이었나요? 여인을 누구라고 불러주셨나요?

A.

Q17. 예수님의 "딸아"라는 음성을 들었을 때, 여인의 마음은 어땠을까요?

A.

많은 이들 앞에서 '딸'이라고 인정받았을 때, 여인의 마음은 벅차올랐을 것입니다. 옷 술을 만질 자녀의 신분을 얻었기 때문에, 더 이상 다른 사람들이 여인을 정죄할 수 없게 되었습니다. 예수님의 '딸'이라는 호칭은 '이제 너는 더 이상 저주받은 인생이 아니야. 너는 내 딸이야'라는 영적인 의미를 담고 있었습니다. 공개적으로 자녀의 정체성을 회복시켜주시고, 사람들이 더 이상 여인을 해치지 않도록 막아주신 것입니다.

Q18. 예수님께서 많은 사람 앞에서 여인을 '딸'이라고 부르신 이유는 무엇이었을까요? 위의 내용을 참고하여 답을 적어봅시다.

A.

3 평안한 삶이 주어졌습니다

　육신의 건강과 자녀의 정체성까지 회복시켜주신 예수님은 여인에게 "평안히 가라"라고 말씀하셨습니다.

> 예수께서 이르시되 딸아 네 믿음이 너를 구원하였으니 **평안히 가라** 하시더라 눅 8:48

　그동안 여인은 혈루증을 치료하기 위해 수많은 노력을 해왔습니다. 의사에게 가보기도 하고, 가진 것을 다 바쳤지만 아무런 효과가 없었습니다. 실패를 거듭했던 여인에게 예수님은 평안히 가라고 말씀해주셨습니다.

여인을 부르시는 예수님의 음성처럼, 주님은 오늘날 우리에게도 "딸아", "아들아"라고 친히 불러주고 계십니다. 우리에게 영적인 자녀의 정체성을 회복시켜주시고, 평안한 삶을 허락하십니다. 이제 더 이상 죄악이나 상처로 인해 참소 받을 이유가 없으며, 하나님의 완전한 보호를 받는 존재가 되었습니다. 주님이 나의 아버지가 되시기에 평안한 삶을 살 수 있게 되었습니다.

평안을 너희에게 끼치노니 곧 나의 평안을 너희에게 주노라 내가 너희에게 주는 것은 세상이 주는 것과 같지 아니하니라 너희는 마음에 근심하지도 말고 두려워하지도 말라 요 14:27

Q19. 하나님 안에서 평안한 마음을 느낀 적이 있습니까? 기억나는 대로 적어보고 함께 나누어봅시다.

A.

Q20. 마음속에 평안이 느껴지지 않을 때, 소리 내어 선포해보시기 바랍니다.

A.   내 안에 하나님의 평안이 있다!

4. 자녀의 정체성을 날마다 기억해야 합니다

사탄은 자녀의 정체성이 얼마나 중요한지를 우리보다 잘 알고 있습니다. 그래서 우리를 공격할 때, 가장 먼저 자녀의 정체성을 공격합니다. 이러한 공격에 넘어지지 않기 위해서는 날마다 우리가 하나님의 자녀임을 기억해야 합니다.

1 사탄은 자녀의 정체성을 공격합니다

예수님께서 공생애 사역을 시작하기 전에, 예수님은 세례 요한에게 세례를 받으셨습니다. 이는 예수님께 매우 중요한 일이었습니다. 예수님이 본격적으로 복음 사역에 들어가기 직전이었기 때문입니다. 하나님은 결정적인 타이밍에 어떤 말씀을 하셨을까요?

> 하늘로부터 소리가 있어 말씀하시되 이는 내 **사랑하는 아들이요 내 기뻐하는 자라** 하시니라 마 3:17

하나님은 예수님에게 '사랑받는 자녀', '기뻐하는 자녀'라는 정체성을 확증시켜주셨습니다. 이후 예수님은 광야로 가서서 40일을 금식하시고, 사탄에게 시험을 받게 됩니다.

(1) 시험하는 자가 예수께 나아와서 이르되 네가 만일 하나님의 아들이어든 명하여 이 돌들로 떡덩이가 되게 하라 (마 4:3)

(2) …네가 만일 하나님의 아들이어든 여기서 뛰어내리라 (눅 4:9)

사탄의 시험은 자녀의 정체성에 대한 것이었습니다. 사탄은 '네가 만일 하나님의 아들이어든'이라고 반복하며 예수님에게 하나님의 아들임을 증명하라고 요구합니다. 그러나 예수님이 하나님의 아들이라는 것은 당연한 사실입니다. 증거를 제시할 필요가 없는 일입니다. 그런데도 사탄은 이러한 자녀의 정체성을 흔들려고 계속해서 공격해온 것입니다.

Q21. 예수님께서 세례를 받으신 후, 사탄에게 시험을 받게 됩니다. 이때 시험에 공통으로 쓰인 문장은 무엇인가요?

A.

Q22. 자신이 하나님의 사랑받는 자녀라는 사실이 깨달아진 적이 있나요? 함께 나누어봅시다.

A.

2 어떤 것도 하나님의 사랑에서 끊을 수 없습니다

사탄의 공격은 오늘날 우리에게도 똑같이 적용됩니다. 문제가 생기면 '네가 이런 상황에서도 하나님의 자녀라고 할 수 있어?'라며 자녀의 정체성을 흔들려고 할 것입니다. 또는 교묘하게 말을 바꾸어 의심을 주기도 합니다. '네가 하나님의 자녀인 건 맞지만, 그렇다고 너를 사랑하시지는 않을 거야. 네가 지은 죄를 봐. 이래도 하나님이 너를 사랑하실까?' 예수님을 향해 공격했던 방법을 우리에게도 동일하게 사용할 수 있습니다.

이때 우리가 기억해야 할 중요한 사실은 하나님의 사랑은 절대 끊어지지 않는다는 것입니다.

높음이나 깊음이나 다른 어떤 피조물이라도 우리를 우리 주 그리스도 예수 안에 있는 **하나님의 사랑에서 끊을 수 없으리라** 롬 8:39

자녀가 잘못했다고 해서 부모가 자녀의 자격을 박탈하지는 않습니다. 자녀가 잘못된 길로 갈 때 훈육하고 옳은 방향으로 인도할 수 있지만, 자녀의 자격을 아예 없애지는 않습니다. 만약 자녀가 "아빠, 엄마, 잘못했어요. 제발 저를 내쫓지만 말아주세요"라고 말한다면, 부모가 그 말을 듣고 얼마나 가슴이 아플까요? 하나님도 마찬가지입니다. 우리는 이미 하나님의 사랑받는 자녀라 칭함을 받았고, 이 정체성은 결코 변함이 없음을 반드시 기억해야 합니다.

Q23. 하나님의 사랑이 믿어지지 않을 때가 있습니까? 언제 그런 마음이 들었습니까?

A. _____

Q24. 하나님의 사랑은 끊어질 수 있을까요? 로마서 8장 39절의 말씀을 소리 내서 읽어보고 질문에 답해봅시다.

A. _____

3 '사랑받는 자녀'의 정체성은 행위가 아닌 은혜에 근거한 것입니다

우리를 향하신 하나님의 사랑은 예수님의 십자가 사건으로 이미 확증되었습니다.

우리가 아직 죄인 되었을 때에 그리스도께서 우리를 위하여 죽으심으로 하나님께서 우리에 대한 **자기의 사랑을 확증하셨느니라** 롬 5:8

하나님께서 우리를 죄에서 구원해주신 것은 우리가 거룩하고 깨끗할 때가 아니었습니다. '우리가 아직 죄인 되었을 때'였습니다. 하나님은 우리의 연약함을 아시고도 예수님을 보내주셨고, 하나님의 사랑을 확증해주셨습니다. 우리의 어떠함이 아니라 값없이 은혜로 받은 사랑입니다.

◗

그리스도 예수 안에 있는 속량으로 말미암아 **하나님의 은혜로 값없이 의롭다 하심을 얻은 자** 되었느니라 롬 3:24

만약 '지금 내 모습을 볼 때 사랑받는 자녀의 모습은 아니지'라는 마음이 든다면, 단호하게 거절하십시오. 지은 죄나 연약함이 있다면 하나님 앞에 회개하고, 그 후에는 '나는 여전히 하나님의 사랑받는 자녀야'라고 담대히 선포하십시오. 우리는 사랑받을 만한 행동을 해서 자녀가 된 것이 아니라, 자녀이기 때문에 사랑받을 만한 모습으로 변화되어 가는 것입니다.

◗

Q25. 하나님의 사랑을 확신하며, 빈칸에 자신의 이름을 적어봅시다. 그리고 다섯 번 이상 소리 내어 읽어봅시다.

A. (   )(이)는 내 사랑하는 아들(딸)이요 내 기뻐하는 자라!

3과

권세의 회복

예수께서 나아와 말씀하여 이르시되
하늘과 땅의 모든 권세를 내게 주셨으니

마 28:18

1. 자녀이면 또한 상속자입니다

1 상속자의 권세가 주어졌습니다

우리는 하나님의 자녀입니다. 자녀가 되었다는 사실은 곧 자녀의 권세가 주어졌다는 것을 의미합니다.

영접하는 자 곧 그 이름을 믿는 자들에게는 하나님의 **자녀가 되는 권세**를 주셨으니 요 1:12

'자녀'가 되었다고만 말하지 않고, '자녀가 되는 권세'를 주셨다고 말합니다. 권세는 곧 위임된 능력을 의미합니다. 하나님께서는 자녀에게 신분의 회복뿐만 아니라 신분에 걸맞은 권세도 허락해주셨습니다. 자녀가 되었다는 것은 자녀에게 주어진 특권도 누릴 수 있다는 뜻입니다.

Q1. 예수님을 영접하면 주님의 자녀가 됩니다. 당신은 예수님을 영접했습니까?

A.

Q2. 예수님을 영접하면 무엇을 얻게 됩니까? (요 1:12)

A.

어느 리조트의 가족 라운지를 이용하게 되었을 때의 일입니다. 아이는 잠시 화장실에 갔고 저는 혼자 들어가 아이를 기다리고 있었습니다. 그런데 한참을 기다려도 아이가 들어오지 않았습니다. 알고 보니 입구에서 직원들이 아이를 막고 있었던 것입니다. 저는 직원에게 다가가 "안녕하세요, 이 아이는 제 아들입니다"라고 말했습니다. 그러자 직원은 "그렇습니까? 그러면 아이도 함께 라운지에 들어갈 수 있습니다"라고 말하며 길을 열어 주었습니다. 아이는 제 손을 잡고 라운지에 들어오더니, 진열된 스낵과 음료수를 보며 들뜬 목소리로 저에게 물었습니다.

"아빠, 여기 있는 거 먹어도 돼?"

"그럼, 여기 있는 건 다 먹어도 된단다."

아이는 먹고 싶은 스낵과 음료를 한가득 가져와 제 앞에 앉았습니다. 그러고는 하나씩 먹기 시작했습니다. 그날 라운지에 머무르는 시간은 30분도 채 되지 않았지만 아이가 행복해하는 모습을 보니 아버지로서 참 흐뭇한 마음이 들었습니다.

자녀 혼자만의 자격으로는 라운지의 혜택을 누릴 수 없습니다. 하지만 아빠의 자격 덕분에 아이도 함께 혜택을 누릴 수 있었던 것입니다. 하나님의 권세도 마찬가지입니다. 우리 자신의 자격이 아닌 하나님 자녀의 자격으로 얻어진 권세입니다. 자녀이면 또한 상속자가 되기 때문입니다(롬 8:17).

Q3. 로마서 8장 17절을 찾아보고, 빈칸을 채워봅시다.
A. 자녀이면 또한 하나님의 (　　　)가 되었습니다.

2 예수님과 공동 상속자가 되었습니다

하나님께서는 예수님을 만유의 상속자로 세워주셨습니다.

…이 아들을 **만유의 상속자**로 세우시고 또 그로 말미암아 모든 세계를 지으셨느니라 히 1:2

하나님의 모든 통치를 예수님에게 위임하셨습니다. 그리고 이 놀라운 상속권의 공동 상속자로 우리를 세워주셨습니다. 하나님의 모든 권세가 예수님과 함께 우리에게도 주어진 것입니다.

이는 이방인들이 복음으로 말미암아 그리스도 예수 안에서 함께 상속자가 되고 함께 지체가 되고 함께 약속에 참여하는 자가 됨이라 엡 3:6

어느 날, 놀이터에서 아이들이 싸우는 모습을 보았습니다. 서로 그네를 먼저 타겠다며 싸우는 것 같았습니다.

"내가 먼저 탈 거야! 너, 우리 아빠한테 이른다!"

그러자 다른 아이가 외쳤습니다.

"나도 우리 아빠한테 다 이를 거야! 우리 아빠는 30살이야!"

"우리 아빠는 35살이거든! 우리 아빠는 힘도 세! 나를 한 손으로 번쩍 들 수 있어!"

아이들이 이렇게 자신 있게 말하는 이유는 아버지의 능력을 곧 자신의 능력으로 여기기 때문입니다.

어린아이들조차도 아빠의 권세가 자신의 권세가 된다는 사실을 잘 알고 있습니다. 이처럼 우리에게 주어진 권세를 알려면 아버지가 어떤 분인지를 먼저 알아야 합니다. 아버지가 얼마나 대단한 분이신지 알면 자녀의 어깨도 저절로 올라가게 됩니다. 아버지의 권세가 곧 나의 권세가 되기 때문입니다.

너희가 아들이므로 하나님이 그 아들의 영을 우리 마음 가운데 보내사 아빠 아버지라 부르게 하셨느니라 갈 4:6

Q4. 여러분은 하나님을 누구라고 부르고 있습니까? 갈라디아서 4장 6절을 참고하여 답해보십시오.

A.

Q5. 하나님께서 우리의 아버지 되심을 믿으십니까? 그렇다면 하나님의 권세는 누구의 권세가 되었습니까?

A.

3 상속된 권세를 인식해야 합니다

아버지의 권세가 곧 나의 권세가 되었습니다. 이 권세를 사용하려면 내 것임을 알고 날마다 인식해야 합니다.

어느 날, 제 아이의 표정이 유독 어두워 보였습니다. 아내에게 살짝 물으니, 아이가 게임 계정의 비밀번호를 잊어버렸다고 했습니다. 저는 아이에게 이렇게 말했습니다.

"얘야, 아이디를 새로 하나 만들면 되지 않니?"

그러자 아이가 단호하게 말했습니다.

"그건 안 돼요, 아빠. 제가 그동안 그 아이디로 얼마나 많은 아이템을 모았는데요!"

며칠 후 아이는 결국 비밀번호를 찾았고, 아이템들을 하나도 버리지 않고 다시 사용할 수 있게 되었습니다.

아이가 자신의 아이디를 찾으려 했던 이유는 무엇이었을까요? 그 안에 들어 있는 것을 놓치고 싶지 않았기 때문입니다. 이처럼 하나님께서 우리에게 주신 권세를 날마다 인식할 때, 주어진 권세를 누리며 살아갈 수 있습니다.

어린아이도 "내 거야!"라는 말은 빨리 배웁니다. 그만큼 사람에게는 자기 것을 반드시 취하려는 본능적인 욕구가 있습니다. 그런데 우리가 가장 분명히 선언해야 하는 것은 바로 '자녀의 권세'입니다. 이 권세가 내 안에 있음을 인식하지 못하면 능력을 사용할 수 없게 되기 때문입니다. 이미 하나님의 능력이 주어졌는데도 그 능력을 사용하지 않으면 의미가 없습니다.

그렇다면 우리에게 주어진 권세는 구체적으로 무엇일까요?

2. 세 가지 권세가 주어졌습니다

1 우리에게 주어진 권세는 '다스림의 권세'입니다

하나님께서는 사람을 만드실 때, 모든 생물을 다스리는 '다스림의 권세'를 주셨습니다.

하나님이 그들에게 복을 주시며 하나님이 그들에게 이르시되 생육하고 번성하여 땅에 충만하라, 땅을 정복하라, 바다의 물고기와 하늘의 새와 땅에 움직이는 모든 생물을 다스리라 하시니라 창 1:28

Q6. 우리에게 주어진 권세는 무엇일까요? 창세기 1장 28절을 소리 내어 읽고, 답을 적어봅시다.

A.

우리는 모든 삶의 영역을 다스리는 권세를 받았습니다. 취업, 결혼, 가정, 재정뿐만 아니라 영적인 영역까지도 포함됩니다. 예수님께서는 이 모든 것을 다스릴 권세를 이미 얻으셨고, 그 권세를 우리에게도 위임해주셨습니다.

> 예수께서 나아와 말씀하여 이르시되 하늘과 땅의 **모든 권세를 내게 주셨으니** 마 28:18

하지만 때로 우리는 이 권세를 경험하지 못할 수 있습니다. 여전히 영적 싸움에서 승리하지 못하는 모습을 볼 때 '하나님의 권세가 내게 주어진 것이 맞나?' 하는 의심이 들 수도 있습니다. 그러나 성경은 이미 우리가 모든 것을 다스릴 권세를 받았다고 말씀합니다. 이를 삶 속에서 경험하는 가장 빠른 방법은, 내 안에 이미 하나님의 권세가 있다는 사실을 분명히 인식하는 것입니다.

Q7. 하나님께서는 우리에게 삶의 모든 영역을 다스릴 권세를 주셨습니다. 다음 빈칸에 내가 다스려야 할 문제를 적고, 다섯 번 이상 소리 내어 읽어봅시다.

A. 내 안에 (   )를 다스리는 권세가 있다!

2 우리에게 주어진 권세는 '말의 권세'입니다

하나님께서 사람에게 주신 권세는 '말의 권세'입니다. 하나님께서는 말씀을 말하심으로 천지를 창조하셨습니다.

하나님이 이르시되 빛이 있으라 하시니 빛이 있었고 창 1:3

하나님은 전능하신 분이십니다. 직접 말하지 않아도 천지를 창조할 능력이 있으셨습니다. 그럼에도 하나님은 직접 말하심으로 세상을 창조하셨습니다.

인류 역사상 처음으로 말의 권세를 사용한 사람은 바로 아담이었습니다. 창세기에 보면, 에덴동산에서 아담이 동물들의 이름을 짓는 장면이 나옵니다. 하나님께서 각종 동물을 창조하신 후, 아담에게 그것들을 데려가시며 무엇이라고 부르는지를 주목하십니다.

여호와 하나님이 흙으로 각종 들짐승과 공중의 각종 새를 지으시고 아담이 무엇이라고 부르나 보시려고 그것들을 그에게로 이끌어 가시니 아담이 각 생물을 부르는 것이 곧 그 이름이 되었더라 창 2:19

아담은 자신이 부여받은 말의 통치권을 사용하여 동물의 이름을 일

일이 지었습니다. 이것이 권세를 사용한 인류 최초의 사건입니다. 이처럼 하나님께서 말하심으로 아름다운 세상을 창조하셨듯이, 우리에게도 말의 권세를 허락해주셨습니다.

Q8. 각 생물의 이름은 누구에 의해 지어졌으며, 어떤 방법으로 지어졌을까요?

A.

Q9. 창세기 2장 19절을 통해 알 수 있는, 사람에게 주어진 권세는 무엇일까요? 위의 내용을 참고하여 답해봅시다.

A.

3 우리에게 주어진 권세는 '그리스도의 권세'입니다

횡단보도를 건너려 할 때, 앞에 경찰이 있으면 어떤 마음이 듭니까? 평소보다 더 엄격히 신호를 지키게 될 것입니다. 아무리 나이가 많은 사람도, 사회적 지위가 높은 사람도 경찰의 권위를 따르게 되어 있습니다. 이는 경찰관이 대단한 사람이어서가 아니라 경찰에게 주어진 권세 때문입니다. 경찰복을 입는 순간 주어진 권세가 달라지고, 말에 힘이 실리게 됩니다.

입은 옷에 따라 권세가 부여되는 것처럼, 우리는 예수님의 옷을 입은 자들입니다.

오직 주 예수 그리스도로 옷 입고… 롬 13:14

예수님의 옷을 입는다는 것은 예수님의 권세와 능력이 우리에게 동일하게 주어진다는 의미입니다. 예수님의 옷은 세상에서 가장 높은 권세를 가진 옷입니다. 예수님은 십자가로 모든 권세를 무력화하셨고, 그 권세가 우리에게도 주어졌습니다.

통치자들과 권세들을 무력화하여 드러내어 구경거리로 삼으시고 **십자가로 그들을 이기셨느니라** 골 2:15

Q10. 세상에서 가장 높은 권세를 가진 분은 예수님입니다. 그런데 예수님의 권세가 오늘날 누구에게 주어졌습니까?

A.

Q11. 그리스도로 옷 입는다는 것은 어떤 의미입니까? 위 내용을 참고하여 답해봅시다.

A.

이 권세를 인식하면 기도가 이전과 달라집니다. 우리 안에 있는 그리스도의 영이 더 강력하게 느껴질 것입니다. 성경을 읽을 때도 단순한 역사적 기록이 아니라, 이것이 오늘날 우리 삶에 능력으로 풀어질 수 있다는 것을 실감하게 됩니다. 2천 년 전 예수님께서 행하셨던 놀라운 권세가 오늘날 우리 삶 가운데 풀어지는 것입니다.

3. 모든 권세의 결론은 예수 그리스도의 이름입니다

50여 년 전에 신안 앞바다에서 원나라 도자기가 발굴되었습니다. 한 점을 발견한 후 그 지점에서 수만 점의 도자기들이 나왔습니다. 이 도자기들은 모두 박물관에 전시되어 있습니다. 그러나 몇몇 사람들이 처음에는 그 가치를 몰라 자신이 기르는 애완견의 밥그릇으로 사용했다고 합니다. 물건의 가치를 모르니 소중히 대하지 않고, 제대로 사용하지 못했던 것입니다.

가치를 아는 사람만이 그 가치를 누릴 수 있습니다. 반대로, 가치를 알지 못하면 그것이 내 손에 주어져도 아무렇게나 사용하게 됩니다. 우리에게 하나님의 권세가 주어졌지만, 놀라운 권세가 주어져도 누리지 못하는 사람들이 많습니다. 이 세상을 넉넉히 승리하라고 주신 권세를 제대로 누리지 못하는 것입니다. 그러나 우리에게 주어진 권세의 가치를 알게 되면, 더 이상 누리지 않을 이유가 없습니다.

그렇다면 우리에게 주어진 권세를 어떻게 사용해야 할까요?

1 하나님의 이름에 놀라운 권세가 숨겨져 있습니다

우리의 권세는 아버지이신 하나님으로부터 주어진 것입니다. 따라서 우리가 가진 권세를 알기 위해서는 하나님의 권세와 능력을 먼저 알아야 합니다. 하나님은 성경 속 위대한 사건들을 통해 그분의 크심을 보여주셨습니다. 특히 성경에 기록된 하나님의 이름들은 그분의 속성과 권세를 담고 있습니다.

① 여호와 닛시 : 승리의 깃발 되시는 하나님, 아말렉과의 전쟁에서 승리를 기념하는 이름 (출 17:15-16)
② 여호와 이레 : 준비하시는 하나님, 이삭 대신 양을 준비하시는 하나님, 쓸 제물을 준비하심 (창 22:14)
③ 여호와 라파 : 병을 치료하시는 하나님 (출 15:26)
④ 여호와 샬롬 : 평강의 하나님 (삿 6:24)

⑤ 여호와 삼마 : 거기 계시는 하나님 (겔 48:35)

구약 시대에 '야훼'(여호와 하나님)라는 이름은 매우 거룩하고 신중히 불러야 할 이름이었습니다. 당시에는 아무나 그 이름을 마음대로 적을 수도, 부를 수도 없었습니다. 그만큼 신성하고 두려운 이름이었기 때문입니다. 그러나 오늘날 우리는 예수 그리스도의 십자가 은혜로 하나님의 이름을 마음껏 부르고 찬양할 수 있게 되었습니다. 얼마나 놀라운 은혜이며 특권입니까?

Q12. 성경에는 하나님의 이름이 많은 의미로 표현되어 있습니다. 위 내용을 참고하여 아래 빈칸을 채우고 묵상해봅시다.

A. ① 여호와 (   ) : 승리의 깃발 되시는 하나님, 아말렉과의 전쟁에서 승리를 기념하는 이름 (출 17:15-16)

② 여호와 (   ) : 준비하시는 하나님, 이삭 대신 양을 준비하시는 하나님, 쓸 제물을 준비하심 (창 22:14)

③ 여호와 (   ) : 병을 치료하시는 하나님 (출 15:26)

④ 여호와 (   ) : 평강의 하나님 (삿 6:24)

⑤ 여호와 (   ) : 거기 계시는 하나님 (겔 48:35)

하나님의 이름 안에는 하나님의 속성과 능력이 담겨 있습니다. 우리는 하나님의 이름을 알수록, 그분이 누구인지 더 깊이 알게 됩니다. 하나님을 알아가는 것은 곧 우리의 정체성을 알아가는 것입니다. 우리는 하나님을 닮은 존재로 지음 받았기 때문입니다. 하나님의 속성이 담긴 그 이름을 알면, 하나님의 능력이 깨달아지고, 그것이 우리 삶 속에 나타날 것입니다.

2 하나님의 이름에 담긴 능력이 예수 이름 안에 있습니다

하나님께서는 그분의 위대한 능력을 한 이름에 모두 부여하셨습니다. 그 이름이 바로 예수의 이름입니다.

> 모든 통치와 권세와 능력과 주권과 이 세상뿐 아니라 오는 세상에 일컫는 모든 이름 위에 뛰어나게 하시고 엡 1:21

예수의 이름은 이 세상의 어떤 권세도 무릎 꿇을 수밖에 없는 절대적인 능력의 이름입니다. 공중의 권세 잡은 사탄도 예수의 이름 앞에서는 절대 이길 수 없습니다. 그래서 신약성경에서는 예수의 이름으로 많은 기적의 사건들이 일어났습니다. 귀신을 쫓아내고, 앉은뱅이가 일어나며, 병든 자가 치유되는 놀라운 일들이 예수의 이름으로 일어났습니다.

> 믿는 자들에게는 이런 표적이 따르리니 곧 그들이 내 **이름으로** 귀신을 쫓아내며… 막 16:17

베드로가 이르되 은과 금은 내게 없거니와 내게 있는 이것을 네게 주노니 나사렛 예수 그리스도의 이름으로 일어나 걸으라 하고 행 3:6

손을 내밀어 병을 낫게 하시옵고 표적과 기사가 거룩한 종 예수의 이름으로 이루어지게 하옵소서 하더라 행 4:30

Q13. 예수의 이름은 모든 이름 위에 가장 높으신 능력의 이름입니다. 위의 말씀들을 참고하여 예수의 이름으로 일어난 기적들을 두 가지만 말해봅시다.

A.

3 예수의 이름을 우리에게 주셨습니다

더 놀라운 사실은 예수님의 이름이 오늘날 우리에게도 동일하게 주어졌다는 것입니다. 능력의 이름이 주어졌다는 것은 예수님께서 행하신 놀라운 일들이 우리 삶 속에서도 일어날 수 있다는 의미입니다.

> 이러므로 하나님이 그를 지극히 높여 **모든 이름 위에 뛰어난 이름을 주사** 하늘에 있는 자들과 땅에 있는 자들과 땅 아래에 있는 자들로 모든 무릎을 예수의 이름에 꿇게 하시고 빌 2:9-10

이 이름은 우리가 나중에 받을 선물이 아닙니다. 이미 주어진 것입니다. 모든 이름 위에 뛰어난 이름이 현재 우리에게 주어졌습니다. 이름이 주어졌다는 것은 곧 권세가 주어졌다는 뜻입니다. 우리는 좋은 것이 주어지면 당연히 그것을 사용하게 됩니다. 평소에는 잘 가지 않던 레스토랑이라도, 식사권이 주어지면 반드시 사용할 것입니다. 하물며 하나님께서 주신 예수 이름의 권세는 무엇입니까? 사탄의 어떠한 공격이나 방해도 맞설 수 있는 능력의 이름입니다.

> 내가 너희에게 뱀과 전갈을 밟으며 원수의 모든 능력을 제어할 **권능**을 주었으니 너희를 해칠 자가 결코 없으리라 눅 10:19

4. 예수의 이름을 아는 것에 머물지 말고 사용해야 합니다

1 이름의 권세를 사용해야 합니다

어느 날 아버지가 친구분들을 집에 초대해 큰 소리로 떠들며 술판을 벌였습니다. 언성이 점점 높아지자 방에서 시험공부를 하고 있던 중학생 아들이 조용히 문을 열고 나왔습니다. 그리고 정중하게 말했습니다.

"아버지, 정말 죄송하지만 내일 중간고사가 있는데, 조금만 조용히 해 주시면 좋겠습니다."

그러자 아버지가 화를 내며 크게 혼냈습니다.

"이 어린 놈의 자식이 어디 아버지한테 조용히 하래! 버릇없이!"

혼쭐이 난 아들은 조용히 방으로 돌아갔습니다. 그런데 10분 후, 아들이 다시 나와 한마디를 했습니다. 그 순간, 거실이 순식간에 조용해졌습니다. 아들의 한마디는 바로 이것이었습니다.

"아버지, 할아버지가 조용히 하래요."

'할아버지'라는 이름만 사용해도 모든 상황이 달라졌습니다. 이처럼, 우리가 권세를 누리기 위해서는 반드시 이름을 사용해야 합니다.

Q14. 아버지와 아버지의 친구분들이 조용해진 이유는 누구의 이름을 사용했기 때문입니까?

A.

Q15. 우리에게는 예수의 이름이 주어졌습니다. 예수의 이름보다 더 큰 이름이 있을까요? 빌립보서 2장 9–10절을 적어보고, 질문에 답해 봅시다.

A.

우리의 아버지가 되시는 하나님은 만유의 주님이십니다. 그분의 이름으로 나간다면 능치 못할 일이 없습니다. 예수 이름의 능력을 믿고 나아간다면, 아무리 큰 문제라도 담대하게 맞설 수 있게 됩니다. 문제보다 예수의 이름이 더 높고 위대하기 때문입니다.

성경에는 예수님이 보이신 수많은 기적들이 기록되어 있습니다. 그런데 이러한 역사는 오늘날에도 동일하게 일어날 수 있습니다. 주님께서 그러하셨듯이, 우리도 이 세상에서 그러할 것이라고 약속하셨기 때문입니다.

…주께서 **그러하심과 같이** 우리도 이 세상에서 **그러하니라** 요일 4:17

하나님은 2천 년 전이나 지금이나 동일하십니다. 지금도 우리 삶을 그분의 방법과 능력대로 인도하십니다. 따라서 우리는 사람의 방법이나 방식보다 더 크신 하나님의 방식대로 살아갈 수 있는 존재입니다. 그분의 놀라운 역사를 경험하려면, 주어진 예수 이름을 반드시 사용해야 합니다. 예수 이름의 크기와 위력을 깨달을수록, 예수 이름의 권세를 사용해야 할 이유가 분명해집니다.

Q16. 기적의 사건을 일으키신 예수의 이름이 오늘날 누구에게 주어졌을까요?

A.

2 능력의 이름을 믿고 기도로 나아가야 합니다

하나님께서는 능력의 이름, 예수의 이름을 우리에게 주셨습니다. 하나님의 이름에는 그분의 성품, 인격, 능력 등이 모두 포함되어 있습니다. 하나님의 성품이나 능력 중 하나만 있어도 큰 축복인데, 이 모든 것이 다 내 것이 된다는 사실은 얼마나 놀라운 일입니까? 하지만 이것을 아는 것에 그치지 않고, 그것이 내 삶에서 사용되고 경험되어야 합니다.

…내가 이렇게 오래 너희와 함께 있으되 네가 나를 알지 못하느냐 나를 본 자는 아버지를 보았거늘 어찌하여 아버지를 보이라 하느냐

요 14:9

예수님의 정체성은 매우 분명합니다. 예수님은 심각한 병자를 만나거나 풍랑을 만나도 전혀 흔들리지 않았습니다. 예수님이 이렇게 확신을 가질 수 있었던 이유는 하나님을 너무 잘 아셨기 때문입니다. 하나님이 나를 얼마나 사랑하시는지, 하나님이 나를 얼마나 귀하게 여기시는지 분명히 아셨습니다. 더 나아가 하나님과 나는 하나라는 인식이 굳건히 서 있었습니다. 예수님의 능력의 근거는 결국 하나님께 있었던 것입니다.

내 이름으로 무엇이든지 내게 구하면 내가 행하리라 요 14:14

예수님께서 오늘날 우리에게도 "내 이름을 사용하라"라고 말씀하십니다. 구하면 받을 것이라고 말씀으로 약속하셨습니다. 예수님은 하나님의 이름의 능력이 무엇인지 아셨고, 그 이름이 자신의 이름과 같다는 사실을 아셨습니다. 구약에서부터 계시되었던 높으신 이름이 바로 예수님이 우리에게 사용하라고 주신 이름입니다.

그렇다면 우리가 예수 이름을 사용하기 위해서는 어떻게 해야 할까요? 우리는 기도 후 "예수님의 이름으로 기도합니다"라고 말합니다.

하지만 기도하고도 '이 기도가 이루어지지 않으면 어쩌지…'라는 생각이 떠오른다면, 사실 그 이름을 온전히 신뢰하지 못한 것입니다. 더 나아가 그 이름의 능력에 대해서 잘 모르는 것일 수도 있습니다. 우리가 사용하는 예수 이름은 어떤 문제도 능히 해결할 수 있는 능력의 이름이기 때문입니다.

알래스카에서 선교를 시작했을 때, 마음이 어려운 시기가 있었습니다. 그때, 지친 마음으로 길을 걷다가 어느 미국 교회에서 울려 퍼지는 찬양 소리를 듣게 되었습니다. 잠시 멈춰서서 찬양을 듣다가 저도 모르게 교회 안으로 들어가게 되었습니다. 찬양 가사도 특별한 것 없이 예수님의 이름을 계속 반복하는 곡이었습니다. 그런데 그 단순한 가사에 얼마나 마음이 평안해지고 위로가 되었는지 모릅니다. 찬양을 듣는 동안 예수님이 제 손을 꼭 잡아주시고, 저를 안아주시는 느낌을 받았습니다. 그 순간, 예수님의 이름을 부르기만 해도 능력이 있다는 것을 깨닫게 되었습니다.

 믿음으로 '여호와 닛시'라는 이름 하나만 외쳐도 승리하는 역사가 일어납니다. 믿음으로 '여호와 라파'라는 이름을 외치면 치유의 역사가 일어납니다. 그런데 이 모든 하나님의 능력의 이름들이 다 합쳐진 것이 예수 그리스도의 이름입니다. 그 이름을 우리가 받았으니, 내 삶에 일어날 놀라운 역사가 기대되지 않겠습니까?
 우리는 하나님의 형상으로 지음을 받았습니다. 그 형상 안에는 하나님의 능력, 권세, 성품이 다 포함되어 있습니다. 하나님의 권세가 그분의 이름 안에 다 담겨 있으며, 그 모든 이름을 종합한 것이 바로 예수 그리스도의 이름입니다. 그리고 그 이름을 우리에게 주셨습니다. 이것은 하나님의 자녀에게만 주어진 권세이며, 놀라운 축복입니다. 이러한 믿음을 가지고 기도해보십시오. 이러한 인식을 가지고 기도한다면, 하나님의 강력한 역사가 내 삶에 일어날 것입니다.

Q17. 예수님의 이름에는 모든 능력과 권세가 다 들어 있습니다. 이 사실을 인식하면서 기도문을 작성해봅시다.

A.

4과

영의 정체성

내가 그리스도와 함께 십자가에 못 박혔나니
그런즉 이제는 내가 사는 것이 아니요 오직 내 안에
그리스도께서 사시는 것이라…

갈 2:20

1. 하나님과의 관계 회복

ⅢⅠ 1 내가 누구인지 알려면 하나님을 알아야 합니다

    성경을 통해 우리는 두 가지 사실을 알 수 있습니다. 하나는 '하나님이 누구신가', 또 다른 하나는 '성경이 말하는 나는 누구인가'입니다. 하나님께서는 성경의 여러 사건과 역사를 통해 자신이 어떤 분이신지를 나타내셨습니다. 하나님은 우리가 하나님을 알고, 하나님이 보시는 나의 창조의 원형, 가장 아름답고 온전한 모습을 알기를 원하십니다. 따라서 우리가 누구인지를 알기 위해서는 먼저 하나님을 아는 것이 중요합니다.

    우리는 하나님의 형상대로 창조된 자녀입니다. 하나님의 자녀는 그분의 권세, 성품, 능력을 다 위임받았습니다. 따라서 하나님이 누구인지를 알 때, 우리가 누구인지도 알게 됩니다. 성경은 하나님이 어떤 분이신지를 잘 알려주고 있습니다.

하나님은 영이시니 예배하는 자가 영과 진리로 예배할지니라 요 4:24

하나님은 영이십니다. 그러므로 하나님과 교제하는 것도 오직 영을 통해서만 가능합니다. 그런데 놀랍게도 우리는 태초부터 하나님과 교제할 수 있는 존재였습니다. 어떻게 이런 일이 가능해졌을까요?

2 사람은 하나님과 교제하며 살도록 창조되었습니다

하나님께서 사람을 어떻게 창조하셨는지를 보면 그 이유를 알 수 있습니다. 하나님께서는 흙으로 사람을 지으시고, 사람에게만 유일하게 하나님의 영을 불어넣으셨습니다. 그로 인해 사람은 영이신 하나님과 교제하며 살아갈 수 있게 되었습니다.

여호와 하나님이 땅의 흙으로 사람을 지으시고 **생기를 그 코에 불어넣으시니 사람이 생령이 되니라 창 2:7**

하나님께서는 동산을 거니시며 아담에게 말씀하셨고, 아담은 하나님과 친밀한 교제를 나누었습니다(창 3:8). 마치 사랑하는 사람과 함께 산책하듯, 사람은 하나님과 교제하며 살아가는 존재였습니다. 사람은 하나님께서 창조하신 모든 만물을 누리며 살아갈 수 있었습니다. 그러나 단 한 가지, 선과 악을 알게 하는 나무의 열매는 먹지 말라고 경고하셨습니다. 그것을 먹으면 죽을 것이라고 말씀하셨습니다.

> 선악을 알게 하는 나무의 열매는 먹지 말라 네가 먹는 날에는 반드시 죽으리라 하시니라 창 2:17

하지만 사람은 결국 사탄의 유혹에 넘어가 선악과를 먹게 됩니다. 그렇다고 해서 아담과 하와가 먹자마자 죽은 것은 아니었습니다. 그것은 영적인 죽음을 의미하며, 이는 곧 하나님과의 단절을 의미합니다. 그분과의 아름다운 교제가 끊어진 것입니다. 이것이 죄의 가장 큰 문제입니다. 우리가 누구인지, 하나님께서 어떤 목적과 비전으로 우리를 창조하셨는지를 잊어버린 것입니다. 죄를 지음으로 인해 창조된 원형의 모습을 상실하게 되었습니다.

Q1. 하나님께서는 선악을 알게 하는 나무의 열매를 먹으면 어떻게 된다고 하셨습니까? (창 2:17)

A. _____

_____

Q2. 선악과를 먹은 이후에 아담에게 어떤 결과가 나타났나요?

A. _____

_____

3 예수님으로 인해 하나님의 형상이 다시 회복되었습니다

　선악과를 먹은 이후, 사람은 하나님의 형상을 잃고 하나님과의 관계가 끊어지게 되었습니다. 그로 인해 하나님으로부터 오는 성품과 권세, 좋은 것들도 더 이상 누리지 못하게 되었습니다. 하나님께서는 이러한 단절된 상태를 안타까워하시고, 하나뿐인 아들을 이 땅에 보내셨습니다. 예수님은 우리를 대신해 십자가에 달려 죽으셨고, 부활하심으로 우리의 영을 새롭게 회복시켜주셨습니다.

　곧 우리가 원수 되었을 때에 그의 아들의 죽으심으로 말미암아 하나님과 화목하게 되었은즉 화목하게 된 자로서는 더욱 그의 살아나심으로 말미암아 구원을 받을 것이니라 롬 5:10

Q3. 하나님과의 단절된 관계가 다시 회복된 이유는 무엇입니까? (롬 5:10)

A. _____

_____

예수님께서는 우리 죄를 사하시려고 십자가에서 죽으셨고, 3일 만에 부활하셨습니다. 그리고 성령을 우리 안에 보내주셔서 우리의 영을 새롭게 해주시고, 우리를 창조의 원형으로 회복시켜주셨습니다. 그리하여 하나님과의 관계가 다시 화목하게 되었고, 우리 안에 하나님의 형상, 하나님의 DNA가 회복되었습니다.

2. 우리는 그리스도와 연합된 존재입니다

1 주님이 내 안에, 내가 주님 안에 있습니다

아버지여, 아버지께서 내 안에, 내가 아버지 안에 있는 것 같이 그들도 다 하나가 되어 우리 안에 있게 하사… 요 17:21

예수님을 믿음으로 우리는 구원받았고, 성령님이 우리 안에 오셨습니다. 이제 우리는 시공간의 제약을 넘어서 하나님과 매 순간 함께하고 교제할 수 있게 되었습니다. 에덴동산에서 하나님과 함께 산책하며 교제하던 특권이 다시 회복된 것입니다.

한때 유행했던 드라마에 유명한 대사가 있었습니다. "내 안에 너 있다"라는 말입니다. 공간적인 개념이 아닌, 상대방을 끊임없이 생각하고 사랑하며 각별히 여긴다는 의미로 이런 표현을 사용하기도 했습니다. 그런데 여기서는 서로 사랑하는 것을 넘어서서, 그분의 거룩하신 속성, 성품, 능력까지 누릴 수 있게 되었다는 뜻입니다.

> 볼지어다 내가 문 밖에 서서 두드리노니 누구든지 내 음성을 듣고 문을 열면 내가 그에게로 들어가 그와 더불어 먹고 그는 나와 더불어 먹으리라 계 3:20

물론 분명히 알아야 할 것은, 하나님께서 우리에게 모든 권세를 주셨다고 해서 우리가 하나님과 동일하다는 것은 아닙니다. 생명과 본성에 있어 하나이지만, 여전히 하나님은 창조주이시고, 우리는 지음 받은 피조물이며, 하나님은 아버지이시고, 우리는 그분의 자녀입니다. 하나님께서 자녀인 우리에게 권세를 위임해주셨기 때문에, 우리에게 아버지의 권세를 누릴 자격이 주어졌다는 것입니다.

2 예수님의 의로 의인이 되었습니다

> 예수는 우리가 범죄한 것 때문에 내줌이 되고 또한 **우리를 의롭다 하시기 위하여 살아나셨느니라** 롬 4:25

예수님께서는 십자가에 죽으시고 부활하셨고 우리에게 성령님을 보내주셨습니다. 성령님을 보내주셔서 우리의 굳은 마음을 제거하고, 부드러운 마음, 즉 하나님의 형상을 회복시켜주셨습니다. 이전 죄인의 신분에서 구원받아 이제는 의롭게 된 자들입니다. 우리가 의롭다고 인정받은 이유는 십자가의 은혜로 인하여 그리스도와 연합되었기 때문입니다. 따라서 현재 우리의 상태는 용서받은 죄인이 아닌, 용서받은 의인입니다.

Q4. 당신은 예수님 안에서 죄인입니까? 의인입니까? 로마서 4장 25절을 소리 내서 읽고 답해봅시다.

A.

감리교의 창시자 존 웨슬리 목사님은 한동안 구원의 확신이 없어서 방황했습니다. 그는 죄책감을 해결하려고 정결한 삶을 살아보기도 하고, 의지적으로 노력해보았지만, 그 어떤 노력으로도 죄책감을 해결할 수 없었습니다. 그러던 중, 올더스게이트 거리에서 로마서 서문을 듣고 그의 마음이 뜨거워졌습니다.

"예수 그리스도 안에 있는 믿음으로 의롭다 함을 얻은 우리는…."

자신의 노력이나 행위가 아니라 오직 믿음으로만 구원받는다는 것을 깨달은 것입니다.

누군가 당신에게 "당신은 진짜 의인입니까?"라고 묻는다면, 자신 있게 "네"라고 답하는 사람은 많지 않을 것입니다. 우리는 왜 우리가 의인이라는 사실을 인정하기 어려울까요? 그 이유는 아직도 우리가 구원을 받는 것이 우리의 행위에 달려 있다고 오해하기 때문입니다.

'어제 내가 죄를 지은 것을 보면 나는 의인이 아닐 수도 있어.'

'이제까지 내가 살아온 모습을 보면, 의인이라고 말할 자격이 없는 것 같아.'

그러나 성경은 이미 예수님께서 값을 치러주셨고, 우리의 죄는 용서받았다고 말씀합니다. 그리스도와 연합되었으므로 우리는 의인이 되었습니다. 그러므로 우리의 신앙을 고백할 때도 '죄인'에 초점을 맞추기보다는 '의인'에 초점을 맞춰야 합니다. 우리는 예수 그리스도 보혈의 능력으로 이미 의인이 되었습니다. 우리의 감정이나 행위가 아니라, 하나님의 말씀을 근거로 의인의 정체성을 담대히 선포해야 합니다.

사람이 의롭게 되는 것은 율법의 행위로 말미암음이 아니요 오직 예수 그리스도를 믿음으로 말미암는 줄 알므로 우리도 그리스도 예수를 믿나니 이는 우리가 율법의 행위로써가 아니고 **그리스도를 믿음으로써 의롭다 함을 얻으려** 함이라 율법의 행위로써는 의롭다 함을 얻을 육체가 없느니라 갈 2:16

Q5. 당신이 의인이 되었음을 믿습니까? 의인이라는 근거는 무엇인가요? 갈라디아서 2장 16절을 참고하여 아래 빈칸을 채워봅시다.

A. 이는 우리가 (　　　　)로써가 아니고 (　　　　)으로써 의롭다 함을 얻으려 함이라

3 영혼이 잘됨같이 범사에도 잘되는 축복을 누립니다

그리스도와 연합된 자는 내세적인 구원뿐만 아니라, 이 땅에서의 구원도 함께 누리게 됩니다.

사랑하는 자여 네 **영혼이 잘됨** 같이 네가 범사에 잘되고 강건하기를 내가 간구하노라 요삼 1:2

영혼이 잘된다는 것은 곧 범사에 잘되고 강건한 열매를 맺는 것입니다. 하나님께서는 천국에 상급이 예비되어 있다고 해서, 이 땅에서는 고생만 하라고 하시지 않습니다. 세상 어느 부모도 사랑하는 자녀가 고생만 하기를 원하지는 않을 것입니다.

> 너희가 악한 자라도 좋은 것으로 자식에게 줄 줄 알거든 하물며 하늘에 계신 너희 아버지께서 구하는 자에게 **좋은 것으로 주시지 않겠느냐** 마 7:11

하나님께서는 자녀인 우리에게 늘 좋은 것을 주기 원하십니다. 물론, 하나님이 주시는 선물만 바라고 구하는 것은 아버지의 마음을 아프게 할 수 있습니다. 그러나 선물을 주실 때는, 그것을 감사히 받는 것이 부모의 마음을 기쁘게 하는 태도입니다.

Q6. 하나님께서 우리에게 주기 원하시는 것은 무엇일까요? 요한삼서 1장 2절과 마태복음 7장 11절을 소리 내서 읽어봅시다.

A. _____

_____

Q7. 하나님께서 나에게 주신 범사의 축복에는 무엇이 있는지 생각해보고, 세 가지 이상 적어봅시다.

A. _____

_____

3. 새 영을 받으면 특권을 누립니다

1 교제의 특권을 누립니다

이전에는 거룩하신 하나님과 죄인인 우리는 교제할 수 없었습니다. 그러나 예수님으로 인해 우리 안에 새 영을 주셨고, 이로 인해 하나님과 교제할 수 있게 되었습니다.

> 내가 그들에게 한 마음을 주고 그 속에 새 영을 주며 그 몸에서 돌 같은 마음을 제거하고 살처럼 부드러운 마음을 주어 겔 11:19

당신이 좋아하는 연예인이 집 앞에서 당신을 기다린다면, 마음이 어떨까요? 그 사람과의 만남을 설렘으로 기다리게 될 것입니다. 그런데 놀라운 사실은, 어떤 유명인보다도 더 위대하신 하나님께서 매일 당신을 만나주실 뿐만 아니라, 당신과 함께 교제하고 계신다는 것입니다.

막내 아이는 몇 년 전부터 유명한 축구선수의 팬이었습니다. 몇 년 전, 우리나라에서 그 팀의 축구 경기가 열렸습니다. 어렵게 표를 구해 경기장으로 가는데, 그날따라 비가 쏟아져 내렸고, 수만 명의 인파로 인해 들어가는 데만 30분 이상 기다려야 했습니다. 경기 시작 전부터 아이와 저는 이미 기진맥진한 상태였습니다. 그런데 선수들이 입장하자마자 아이의 눈이 초롱초롱해졌습니다. 두 시간 내내 자신이 좋아하는 선수를 뚫어져라 바라보며 목이 터져라 응원했습니다. 경기가 끝난 후, 아이는 맨 앞 펜스가 있는 곳까지 성큼성큼 내려가더니 손을 힘차게 흔들었습니다. 그리고 모든 선수들이 퇴장할 때까지 서서 그 선수의 뒷모습을 지켜보았습니다.

아이의 열정적인 팬심을 지켜보던 제 안에 문득 이런 생각이 들었습니다.
'나는 예수님께 저렇게 감격하고 있나?'

왕이신 예수님이 내 안에 계시고, 그분과 함께 대화를 나누는 것에 대해 감격하고 있는지를 생각해보게 되었습니다. 하나님과의 대화를 너무 당연하게만 여기고 있었던 것을 깨달은 순간이었습니다.

보라 처녀가 잉태하여 아들을 낳을 것이요 그의 이름은 임마누엘이라
하리라 하셨으니 이를 번역한즉 하나님이 우리와 함께 계시다 함이라

마 1:23

Q8. 임마누엘의 뜻을 적어봅시다.

A.

2 권세의 특권을 누립니다

우리는 앞서 하나님의 형상 안에 담긴 권세에 대해 배웠습니다. 만물을 다스리고, 선포함으로 능력을 경험하며, 예수님처럼 놀라운 일을 행하는 권세가 우리 안에 주어졌습니다. 이 모든 일들은 주님과 하나가 되었을 때만이 가능한 일입니다. 능력 되신 성령님께서 우리 안에 계시며, 그분은 세상보다 크신 분입니다. 따라서 주님과 함께할 때만이 예수님의 권세가 나의 권세가 되고, 예수님의 승리가 나의 승리가 되는 것입니다.

자녀들아 너희는 하나님께 속하였고 또 그들을 이기었나니 이는 너희 안에 계신 이가 세상에 있는 자보다 크심이라 **요일 4:4**

예를 들어, 교회에서 체육대회를 한다고 가정해봅시다. 축구 경기를 하기 위해 팀을 짜는데, 한쪽 팀에 국가 대표 선수가 들어간다고 하면 그 팀은 승리를 따놓은 것이나 다름없습니다. 이미 결론이 난 경기를 하게 되는 것입니다. 우리의 승리도 이와 같습니다. 이미 결론이 난 것입니다. 승리하신 예수님께서 우리와 함께하시고, 우리와 한 영으로 거하시기 때문입니다.

3 상속자의 특권을 누립니다

하나님께서는 우리를 예수님 안에서 함께 상속자로 여겨주셨습니다. 상속자가 되었다는 의미는 부모의 모든 것을 물려받았고, 그것을 자유롭게 누릴 수 있다는 것입니다. 하나님의 모든 것을 예수님께 주셨던 것처럼, 우리도 예수님 안에서 하나님의 모든 것을 다 부여받은 상속자가 되었습니다.

이는 이방인들이 복음으로 말미암아 **그리스도 예수 안에서 함께 상속자가 되고 함께 지체가 되고 함께 약속에 참여하는 자가 됨이라** **엡 3:6**

예수님 안에서 예수님의 모든 것을 우리도 함께 누리며 살 수 있게 된 것입니다. 이 사실을 인식한 상태에서 말씀을 보면 모든 것이 새롭게 깨달아집니다. 세상에 있는 자보다 크신 분이 내 안에 계심으로 인해, 예수님께서 이 땅에서 행하셨던 일들을 나도 행할 수 있게 되었습니다. 세상을 이기는 자로 우리를 세워주신 것입니다.

4. 영의 정체성으로 자라나야 합니다

1 새 영이 자라나야 합니다

오직 사랑 안에서 참된 것을 하여 **범사에 그에게까지 자랄지라 그는 머리니 곧 그리스도라** 엡 4:15

예수님의 십자가 죽음과 부활로 인해 우리의 영은 새롭게 되었습니다. 그러나 우리가 이 땅에서 살아가는 동안 범사에 그에게까지 자라야 하며, 주 안에서 함께 지어져 가야 합니다. 우리는 매일 영적 전쟁터에서 살고 있기 때문입니다. 하나님의 뜻대로 살고자 하는 영적 갈망과 육체의 소욕이 서로 대적하고 있습니다.

> 육체의 소욕은 성령을 거스르고 성령은 육체를 거스르나니 이 둘이 서로 대적함으로 너희가 원하는 것을 하지 못하게 하려 함이니라 갈 5:17

영적 세계는 강한 것이 약한 것을 결박하는 원리가 있습니다. 우리의 새 영이 강해지면, 육체의 소욕은 점점 약화되고 결박될 것입니다. 그래서 바울은 우리가 예수님으로 인해 구원을 받았지만, 구원을 이루어가야 한다고 말합니다.

한 드라마에 나온 이야기입니다. 알코올 중독으로 매일 같이 술을 마시던 아버지가 간암에 걸렸습니다. 다행히 딸의 간을 이식받아 죽을 고비를 넘겼지만, 또 술을 마시고 둘째 딸의 간까지 이식받아 다시 목숨을 구하게 되었습니다. 그럼에도 불구하고 술을 끊지 못하다가 암이 재발해 다시 병원을 찾게 됩니다. 이미 두 딸의 간 이식 수술을 집도했던 의사는 통탄한 마음으로 안타까워했습니다.

누군가 당신을 구하기 위해 대신 죽었다고 상상해봅시다. 그 이후로 당신은 매일 아침 눈을 뜰 때마다 그 사람의 희생을 떠올리며, 좋은 것을 보고 먹고 마실 때마다 그 사람이 지불한 대가로 얻은 생명이 더 소중하게 여겨질 것입니다. 우리가 받은 새 영도 마찬가지입니다. 우리는 예수님의 심장을 이식받아 살아가는 사람들입니다. 심장뿐만 아니라 전부를 내어주시고, 그로 인해 우리는 새 영을 받게 된 것입니다. 심장을 이식받으면 몸에 좋은 음식을 먹고 규칙적으로 운동도 하면서 그것을 건강하게 관리하고 유지할 것입니다.

Q9. 누군가로부터 심장을 이식받는다면, 어떤 마음가짐으로 살지 적어 봅시다.

A.

2 영의 사람은 말씀대로 살아가는 사람입니다

믿음이 정말 좋은 사람을 보면 "저 사람은 영적이다"라는 표현을 사용합니다. 영적이라는 뜻은 무엇일까요? 영은 곧 하나님이십니다 (요 4:24). 하나님은 곧 말씀이십니다.

> 태초에 말씀이 계시니라 이 말씀이 하나님과 함께 계셨으니 **이 말씀은 곧 하나님이시니라** 요 1:1

따라서 영적이라는 것은 어떤 신비적인 체험을 자주 하는 것이 아니라, 하나님의 말씀과 하나님의 방식대로 살아가는 것을 뜻합니다.

하나님의 말씀은 반드시 이루어집니다. 비록 우리의 현실에서는 그 약속이 이루어지지 않은 것처럼 보일 수 있지만, 하나님의 때에 반드시 이루어집니다. 그러므로 말씀이 나의 감정이나 생각과 다를 때도 말씀대로 묵상하고 끝까지 말씀을 믿어야 합니다.

◠

하나님은 사람이 아니시니 거짓말을 하지 않으시고 인생이 아니시니 후회가 없으시도다 어찌 그 말씀하신 바를 행하지 않으시며 하신 말씀을 실행하지 않으시랴 민 23:19

또한 말씀대로 살아가려면 사탄이 주로 틈타는 것이 무엇인지 점검해야 합니다. 사탄은 우리의 감정, 생각, 태도와 일상 등의 영역을 통해 우리를 공격합니다. 우리는 과연 어떤 부분을 사탄에게 내어주고 있는지 말씀을 통해 점검하는 의지가 필요합니다.

◠

Q10. 최근에 나의 일상 가운데 말씀에 순종하고 승리했던 일이 있다면 적어봅시다.

A.

3 영이신 하나님께 꼭 붙어 있어야 합니다

나는 포도나무요 너희는 가지라 그가 내 안에, 내가 그 안에 거하면 사람이 열매를 많이 맺나니 나를 떠나서는 너희가 아무 것도 할 수 없음이라 요 15:5

우리는 포도나무이신 주님께 붙어 있는 가지입니다. 포도나무에 붙은 가지는 포도나무의 열매만 맺을 수 있습니다. 포도나무에 붙은 가지가 사과나무 열매를 맺을 수는 없습니다. 마찬가지로, 영적인 열매를 맺으려면 영이신 하나님께 꼭 붙어 있어야 합니다. 우리는 하나님으로부터 온 영의 정체성을 가지고 있습니다. 내가 어디에 붙어 있는지, 어디로부터 온 존재인지를 분명히 기억하고 선포할 때, 우리는 주님으로부터 오는 영적인 열매를 풍성히 맺을 수 있습니다.

교단 내에서 열리는 체육대회에 나가게 되었습니다. 배구 경기에 출전하게 되었는데, 그전에 며칠 동안 연습을 하기로 했습니다. 그래도 운동 신경은 나쁘지 않다고 자부했기에 가벼운 마음으로 연습을 시작했습니다. 그런데 그동안 제대로 운동하지 못한 상태에서 연습을 하려니 몸이 잘 따라주지 않았습니다. 그럼에도 불구하고 나 때문에 지면 안 된다는 생각에 두 시간 동안 몸을 던져 연습했습니다. 그 결과, 다음 날 아침 팔다리가 욱신거리고 알이 배었습니다. 평소 운동을 하지 않다가 단 며칠 만에 운동 신경을 좀 키워보려 하니, 몸살이 난 것이었습니다.

하루아침에 운동 신경이 좋아지는 것은 아닙니다. 꾸준한 훈련을 통해 점차 체질화되고, 건강한 변화가 이루어지는 것입니다. 우리 영도 마찬가지입니다. 우리가 예수님 안에서 어떤 존재인지를 알았다면, 이제 그것을 삶 속에서 수시로 인식하고 일치시키는 연습이 필요합니다. 단순히 이해하는 것에 그치면 안 됩니다. 아는 것만으로는 실제적인 변화를 경험할 수 없거나 그것이 더디 이루어질 것입니다. 운동도 단순히 동작이나 방법을 아는 것과 실제로 몸을 움직이는 것은 큰 차이가 있습니다. 마찬가지로, 아무리 좋은 영적 훈련법을 알고 있다고 해서 자동으로 변화가 찾아오는 것이 아닙니다. 우리가 직접 연습하고 경험하며 지속적이고 반복적으로 훈련해야 진정한 변화가 나타나는 것입니다.

망령되고 허탄한 신화를 버리고 오직 **경건에 이르기를 연습하라**
딤전 4:7 (개역한글)

영이신 하나님은 성경 말씀을 통해 우리가 영적으로 어떤 존재인지를 알려주십니다. 그러나 사탄은 우리의 생각과 감정을 틈타 하나님의 말씀 대신 세상의 것에 집중하게 만듭니다. 그러므로 우리의 모든 생각, 감정, 가치관, 태도까지도 하나님의 말씀으로 정렬되어야 합니다. 우리의 모든 삶의 영역을 말씀에 일치시켜나갈수록 점점 영적 성장이 이루어집니다. 그리하여 우리의 영이 강해지면, 나중에는 의지를 들이지 않아도 영적인 것을 자연스럽게 택할 수 있는 힘을 갖게 됩니다.

Q11. 우리는 누구에게 붙어 있는 가지입니까? (요 15:5)

A.

5과

감정의 선택

항상 기뻐하라 쉬지 말고 기도하라 범사에 감사하라
이것이 그리스도 예수 안에서 너희를 향하신 하나님의 뜻이니라

살전 5:16-18

1. 감정은 무엇인가

▌ 1 감정은 생각의 결과입니다

하루는 잘못 배달된 택배를 받게 되었습니다. 주소도 정확히 적혀 있었는데, 저희 집으로 잘못 배달된 것이었습니다. 약속 시간이 촉박했지만, 얼른 적힌 주소로 향했습니다. 같은 호수 바로 옆 동에 도착해서 초인종을 누르니, 한 여성의 목소리가 들렸습니다.

"누구세요?"

"저 택배가 왔는데요, 저는….."

사정을 설명하기도 전에, 화난 목소리가 인터폰으로 들려왔습니다.

"아니 왜 이렇게 늦게 오셨어요! 앞에 두고 가세요!"

그러고는 전화가 툭 끊겼습니다. 날이 선 반응에 억울한 마음이 들었지만, 다음 일정이 있어 얼른 주차장으로 향했습니다. 그런데 차에 올라타 운전대를 잡고도 그 여성분의 목소리가 계속 귓전에 맴돌았습니다. 속상함이 가시지 않아 성령님께 물었습니다.

'주님, 조금 서운한 마음이 듭니다.'

그러자 다음 성경 구절이 떠올랐습니다.

"오직 성령의 열매는… 온유와 절제니 이같은 것을 금지할 법이 없느니라"(갈 5:22-23).

이 말씀을 마음에 새기며 붙들었습니다. 그리고 제 안에 계신 성령님께서 마음껏 일하실 수 있도록 찬양도 더 크게 부르고, "나는 온유한 자입니다!"라고 크게 선포했습니다. 그러자 이내 마음이 잠잠하고 평안을 되찾을 수 있었습니다.

감정은 하나님께 마음을 표현하는 아주 좋은 통로입니다. 하나님의 사랑을 느끼고 감사를 표현할 수 있는 선한 도구입니다. 하지만 때로는 좋지 않은 감정이 들어오기도 합니다. 사탄이 부정적인 감정을 넣어주는 틈이 될 수도 있습니다.

우리는 아침에 눈을 뜨는 순간부터 감정을 느낍니다. 예를 들어 날씨가 맑거나, 비가 오고 습하거나, 너무 춥거나 더우면 그에 따라 감정이 좌우됩니다. 몸의 컨디션에 따라 감정이 달라지기도 합니다. 두통이 있거나, 소화가 잘 안 되는 경우 유독 작은 일에도 예민하게 반응하게 됩니다. 이처럼 외부에서 들어오는 사건이나 자극에 의해 감정이 나타납니다. 그리고 감정을 오래 가지고 있을수록 점차 우리의 성향으로 받아들여지게 됩니다. 예를 들어, 자주 화를 내는 사람이나 원래 긍정적인 사람이 있는 것처럼, 감정이 오래 지속되어 성향으로 굳어지는 것입니다.

Q1. 언제 감정의 변화를 느끼나요? 오늘 하루 느꼈던 감정을 적어봅시다.

A.

Q2. 하나님이 우리에게 주신 감정에는 어떤 것이 있을까요? 자유롭게 적어봅시다.

A.

2 감정은 분별이 필요합니다

우리는 하나님의 형상을 따라 창조된 존재입니다. 우리의 감정도 하나님께서 만드신 것입니다. 이러한 감정을 가지고 하나님을 마음껏 찬양할 수 있고, 공동체와 어려운 이웃들을 향해 따뜻한 사랑을 표현할 수 있습니다. 감정의 목적은 주님을 찬양하고, 사랑을 표현하는 데 있습니다.

그런데 사탄은 우리의 감정을 다른 곳에 사용하게끔 방해합니다. 사탄이 감정을 틈타고 들어올 때, 우리가 그것을 대적하지 않으면 하나님이 주신 아름다운 감정을 빼앗기게 되고, 잘못된 방향으로 감정이 표출될 수도 있습니다. 물론 하나님께서도 우리의 감정에 충분히 공감하시고 위로하시지만, 부정적인 감정이 내 안에 오래 머무르지 않도록 해야 합니다. 감정이 우리의 판단이나 행동의 기준이 되어서는 안 됩니다. 들어온 감정을 무분별하게 받아들이기 전에, 하나님의 시각에서 분별하는 연습이 필요합니다.

> 모든 지킬 만한 것 중에 더욱 네 마음(heart)을 지키라 생명의 근원이 이에서 남이니라 잠 4:23

3 감정의 주도권을 성령님께 맡겨야 합니다

감정은 나도 모르게 들어와 생각을 지배하고 행동을 통제합니다. 그만큼 모든 것이 감정에서부터 출발하기 때문에, 어떤 종교에서는 감정을 다스리기 위해 마음을 비우고 오랜 수련을 하라고 말하기도 합니다. 그러나 감정을 억제하는 것은 고된 고행을 통해서 이루어지는 것이 아닙니다. 감정을 사람의 의지로 참으면 그 감정이 계속 마음에 억눌린 채로 쌓일 뿐, 문제가 본질적으로 해결되는 것은 아니기 때문입니다.

이때에는 우리를 도우시는 분께 도움을 구해야 합니다. 우리를 도우시는 분은 바로 우리 안에 계시는 성령님입니다.

> 이와 같이 **성령도 우리의 연약함을** 도우시나니 우리는 마땅히 기도할 바를 알지 못하나 오직 성령이 말할 수 없는 탄식으로 우리를 위하여 친히 간구하시느니라 **롬 8:26**

성령님께서는 우리의 연약함을 도우신다고 약속하셨습니다. 따라서 우리 힘으로 되지 않는 부분도 성령님의 도우심을 구할 때, 위로와 힘을 얻게 됩니다.

Q3. 감정을 절제하지 못해 실수했던 적이 있나요?

A. _____

_____

Q4. 우리의 연약함을 도우시고, 친히 간구해주시는 분이 계십니다. 그 분은 누구실까요?

A. _____

_____

2. 감정을 다스리는 세 가지 태도

1 가장 확실한 사랑을 기억하십시오

하루는 한 청년이 저에게 찾아와 이렇게 말했습니다.

"목사님, 하나님이 저를 정말 사랑하시나봐요."

"와, 할렐루야! 어떻게 그런 생각을 하게 됐니?"

"제가 그토록 원하던 직장에 취직하게 됐어요. 하나님이 저를 너무 사랑하시나봐요!"

좋은 일이 일어났을 때 우리는 하나님의 사랑을 느낄 수 있습니다. 좋은 선물을 받거나, 원하는 직장에 취직했을 때, '하나님이 나를 엄청 사랑하시나보다' 또는 '하나님께서 나에게 상 주시나보다'라고 생각할 수 있습니다. 그러나 특별한 일이 있어야만 하나님이 나를 사랑하시고, 그렇지 않을 때는 사랑하지 않는 것이 아닙니다. 물론 특별한 선물이나 이벤트가 있다면, 그것도 하나님의 선물로 감사히 받을 수 있습니다. 그러나 이것만이 하나님 사랑의 근거가 될 수는 없습니다. 하나님 사랑의 근거는 세상에서 가장 귀하고 값진, 십자가 사건으로 확증되었기 때문입니다.

우리가 아직 죄인 되었을 때에 그리스도께서 우리를 위하여 죽으심으로 하나님께서 우리에 대한 자기의 사랑을 확증하셨느니라 **롬 5:8**

Q5. 하나님의 사랑이 느껴졌던 때는 언제인가요?

A.

    우리는 눈에 보이는 것으로만 사랑의 존재를 판단할 때가 더 많습니다. 그러나 지금 나에게 좋은 일이 없어도 하나님의 사랑은 언제나 한결같이 우리를 향하고 있음을 말씀으로 확증해주셨습니다. 그 사랑은 이미 우리에게 다함 없이 전부를 내어주신 사랑입니다.

    따라서 십자가 사랑이 먼저 우리 안에 확실하게 새겨져 있어야 합니다. 십자가의 크신 사랑을 받고도 기뻐할 수 없다면 세상 그 어떤 것으로도 채워질 수 없습니다. 십자가보다 더 큰 대가나 희생은 없기 때문입니다. 십자가의 사랑만으로 충분하다고 고백할 때, 우리는 참된 만족과 행복을 누릴 수 있습니다.

    예배를 드릴 때도 마찬가지입니다. 우리는 "은혜받았다"라는 말을 종종 하거나 듣습니다. 이는 어떤 감정적인 위로나 감동을 의미할 것입니다. 물론 하나님은 감정을 통해서도 마음을 위로하시고 치유해주십니다. 그 감정도 소중한 것입니다. 그럼에도 불구하고 말씀이 없이 감정만으로 그것을 은혜받은 근거로 여긴다면, 그것은 결코 견고하게 유지될 수 없습니다. 만약 감정적인 위로를 느끼지 못한 날에는, '오늘은 은혜를 받지 못했다'고 착각할 수 있기 때문입니다. 은혜는 감정이 아닌 말씀으로 받는 것입니다.

2 하나님의 시각으로 바라보십시오

미국의 16대 대통령 링컨은 사실 비극적인 과거를 가진 사람이었습니다. 그는 신용불량자로 두 번이나 낙인찍히고 빚을 갚는 데 무려 17년이나 걸렸습니다. 게다가 9살 때 어머니가 돌아가시고, 19살에 누나가 죽고, 결혼해서 얻은 자녀 중 둘째 아들은 태어난 지 3년 10개월 만에 죽었고, 이후 얻은 셋째 아들도 11살에 죽게 됩니다. 많은 역경과 고난을 뚫고 대통령에 당선된 후, 한 기자가 그에게 물었습니다.

"당신이 성공한 원인과 사람들에게 존경받는 이유가 무엇이라고 생각하나요?"

이때 링컨은 이렇게 답했습니다.

"저는 다른 사람들보다 실패를 많이 맛보았습니다. 그런데 실패할 때마다 실패에 집중하지 않고, 실패에 담긴 하나님의 사랑과 계획을 깨닫고 그 실패를 징검다리 삼아 다시 일어났습니다. 그때마다 사탄은 저에게 와 속삭였습니다. '이제 너는 끝장이야. 더 이상 희망이 없어.'

그런데 하나님께서는 이렇게 말씀하셨습니다. '내가 너를 여전히 붙들고 있다', '내가 너를 여전히 사랑한다.' 저는 사탄의 속삭임보다 하나님의 음성에 반응했습니다."

　예수 믿는 사람도 예기치 않은 문제를 마주할 때가 있습니다. 그토록 믿었던 사람으로부터 배신을 당할 때도 있고, 육체적인 질병이나 경제적인 어려움이 찾아올 때도 있습니다. 이때 우리 마음속에는 종종 이런 생각이 떠오를 수 있습니다. '하나님은 왜 나에게 응답하지 않으실까? 진짜 살아 계신 게 맞을까?'

　그렇다면 우리는 이런 감정에서 어떻게 벗어날 수 있을까요? 이럴 때, 자신에게 이렇게 질문해보는 것도 좋습니다.

　'하나님께서는 내가 이 상황을 어떻게 처리하기를 원하실까?'

　'이 문제를 통해 하나님께서는 내게 무엇을 알게 하시려는 걸까?'

　하나님의 뜻을 묻고 그분의 시각에서 문제를 바라보면, 감정에 휘둘리지 않게 됩니다. 내 감정에 대한 객관적 시각이 생기면서 감정이 점차 분리되어가는 것입니다.

　이처럼 하나님의 시각에서 문제를 바라보면 '내가 어떻게 대처하면 하나님이 기뻐하실까?', '어떻게 이 문제를 해결하기를 기대하실까?'라며 하나님의 놀라운 계획이 궁금해지게 됩니다. 오히려 이 일을 통해 하나님이 어떻게 일하실지, 어떤 놀라운 섭리를 발견하게 될지 기대감이 생기게 됩니다. 하나님과 계속 연결되어 묵상하다보면, 자연스럽게 감정에서 벗어나 하나님의 뜻을 발견하게 될 것입니다.

Q6. 일주일간 마음을 지키기 어려웠던 일 한 가지를 떠올려봅시다. 그리고 기도하면서 다음 질문에 답해봅시다.

A. ① 하나님께서는 이 문제를 어떻게 해결하기를 원하실까요?

....

....

② 이 일을 통해 하나님께서 우리에게 알려주기 원하시는 것은 무엇일까요?

....

....

3 함께하시는 하나님을 끝까지 붙드십시오

민수기 14장에 보면 이스라엘 백성들이 불평하는 장면이 나옵니다. 이들은 애굽에서 430년 동안 노예생활을 하며 온갖 고생을 하다가 비로소 출애굽하여 자유를 얻었습니다. 그런데도 홍해를 만나자 차라리 애굽으로 돌아가는 것이 낫겠다고 원망합니다.

> 이스라엘 자손이 다 모세와 아론을 원망하며 온 회중이 그들에게 이르되 우리가 애굽 땅에서 죽었거나 이 광야에서 죽었으면 좋았을 것을 민 14:2

무엇이 그들을 이렇게 만들었을까요? 바로 '두려움'입니다. 사탄은 '두려움'이라는 감정 뒤에 숨어서 우리를 공격하고, 문제를 더 커 보이게 만듭니다. 따라서 모든 감정은 늘 분별이 필요합니다. 사탄이 자신의 정체를 숨기고 들어와 우리 마음을 어지럽히기 때문입니다.

때로는 사탄의 공격인 것을 알면서도 감정에 휘둘러서 지는 경우가 있습니다. 질병에 걸린 현실, 오랫동안 해결되지 않는 재정 문제, 엉켜버린 인간관계 등 문제를 계속 생각하다보면 미래에 대한 불안감이 커질 수 있습니다. 이때 분명히 기억해야 할 사실은, 하나님은 우리를 한 번도 떠나지 않으셨고, 항상 우리와 함께하신다는 것입니다.

…볼지어다 내가 세상 끝날까지 너희와 항상 함께 있으리라 하시니라
마 28:20

하나님은 우리와 세상 끝날까지 함께하겠다고 말씀하셨습니다. 이 말씀을 꽉 붙드십시오. 낙심되는 상황 속에서도 '주님이 나와 함께 계십니다. 나는 주님의 사랑받는 자입니다'라는 인식을 놓치지 마십시오. 함께하시는 하나님을 기억할 때, 모든 두려움과 낙심을 능히 이길 힘을 얻게 될 것입니다.

Q7. 하나님의 살아 계심을 의심했던 적이 있습니까?

A. _____

_____

Q8. 하나님께서는 언제까지 우리와 함께하신다고 말씀하셨습니까? 마태복음 28장 20절을 읽고 답해봅시다.

A. _____

_____

3. 감정보다 말씀을 믿어야 합니다

1 믿음은 선포하는 것입니다

주 안에서 항상 기뻐하라 내가 다시 말하노니 기뻐하라 빌 4:4

또 여호와를 기뻐하라 그가 네 마음의 소원을 네게 이루어 주시리로다
시 37:4

우리는 육신을 입고 살아가기에 때로는 작은 일에도 기분이 상할

수 있고, 낙심될 수도 있습니다. 그러나 이때에도 우리는 말씀을 붙들어야 합니다. 하나님의 말씀 속에는 그분의 선하신 계획이 숨겨져 있습니다.

한 청년으로부터 아주 특별한 선물을 받게 되었습니다. 청년이 일하는 샵에 유명한 축구선수가 손님으로 찾아왔고, 사람들 틈에서 사인을 받아 퇴근하자마자 그것을 제게 전해주러 온 것이었습니다.

 그날만큼은 사역을 마치자마자 집으로 달려갔습니다. 가는 길에도 아이가 기뻐할 생각에 가슴이 벅차고 두근거렸습니다. 어느 때보다도 빠르게 집에 도착해 문을 열고 아이를 불렀습니다.

 "아빠 왔다!"

 평소라면 문 앞에서 기다리거나 달려와 품에 안겼을 아이가 그날은 축 처진 모습으로 천천히 걸어 나왔습니다. 그리고 인사만 꾸벅하고 다시 방으로 들어갔습니다. 저는 외투만 벗고 가방 속에서 사인 종이를 꺼내 들고 아이 방으로 갔습니다. 아이는 여전히 피곤한 표정으로 책상 앞에 앉아 있었습니다.

 "아빠가 뭘 가져왔는지 알아?"

 "뭔데요?"

 "네가 엄청 기뻐할 만한 거야! 마음껏 기뻐하렴!"

 상기된 저의 목소리에 아이의 입꼬리가 살짝 올라갔습니다. 저는 등 뒤에서 사인 종이를 꺼내며 말했습니다.

 "짠! 네가 좋아하는 축구선수 사인이야!"

 "와!! 진짜요??"

아이는 믿을 수 없다는 듯 자리에서 벌떡 일어나더니, 사인을 받아 들고 뚫어져라 응시했습니다. 그러더니 어디선가 조명을 두 개 꺼내어 전시회장처럼 세팅하기 시작했습니다. 저를 향해 "아빠, 감사해요!" 하고 활짝 웃어 보이는 아이의 표정은 이전과는 180도 달라진 밝은 모습이었습니다.

기분이 안 좋아 보이는 아이에게 "아들아, 기뻐하고 기뻐하렴" 하고 말할 수 있는 이유는, '네 기분이 안 좋아도 억지로 기뻐해! 내 명령이야!'라고 하는 것이 아니라, '네가 기뻐할 만한 것을 내가 이미 준비해 놓았으니 날 믿고 기뻐하렴'이라는 마음이 전제되어 있기 때문입니다. 명절에 할아버지가 손주에게 세배하라고 하는 것도, 세배하면 세뱃돈을 줄 준비가 되어 있기 때문입니다. 하나님도 마찬가지입니다. 우리에게 기뻐하라고 하신 이유는, 이미 기뻐할 만한 이유와 축복을 준비하셨기 때문입니다.

Q9. 하나님께서 우리에게 "항상 기뻐하라"라고 명령하신 이유는 무엇입니까?

A. _____

하나님은 우리가 현재 상황이나 기분 때문에 우리가 말씀을 듣지 못할 때, 마음 아파하십니다. 하나님의 계획을 신뢰하며 기쁨을 선포할 때, 우리는 주님으로부터 오는 소망과 힘을 얻게 될 것입니다.

내 영혼아 네가 어찌하여 낙심하며 어찌하여 내 속에서 불안해 하는가 너는 하나님께 소망을 두라 그가 나타나 도우심으로 말미암아 내가 여전히 찬송하리로다 시 42:5

시편 42편 5절의 말씀은 42편 11절과 43편 5절에도 동일하게 기록되어 있습니다. 이 말씀을 다른 사람이 아닌 나 자신에게 말해야 합니다. 이름을 넣어서 수차례 소리 내서 읽어보는 것도 좋습니다. 이름을 넣으면 하나님께서 내게 말씀하신다는 것이 더 실감 나게 느껴집니다. 그럴 때 마치 하나님께서 나에게 "OO아, 네가 왜 불안해하느냐? 왜 낙심하느냐? 오히려 하나님을 찬송하고 하나님을 높이고 기쁨을 표현해라"라고 하시는 것 같은 마음이 밀려올 것입니다.

Q10. 아래 빈칸에 자신의 이름을 넣어 읽어봅시다.

A. (   )아, 네가 어찌하여 낙심하며 어찌하여 내 속에서 불안해 하는가 너는 하나님께 소망을 두라 그가 나타나 도우심으로 말미암아 내가 여전히 찬송하리로다 (시 42:5)

하나님이여 내 마음이 확정되었고 내 마음이 확정되었사오니 내가 노래하고 내가 찬송하리이다 시 57:7

다윗은 기쁘지 않은 순간에도 하나님을 찬양했습니다. 그는 "내 마음이 확정되고 확정되었다"라고 거듭 고백합니다. 확정되었다고 해도 마음이 무너질 때도 있지만, 포기하지 않고 "내 마음이 확정되고 확정되었다"라고 선포하는 것입니다. 이렇게 선제적으로 주님의 마음을 선택할 때, 주님이 주시는 기쁨과 평안을 경험하게 될 것입니다.

2 믿음은 선택하는 것입니다

믿고 싶어도 믿어지지 않을 수 있습니다. 어떤 사람은 가만히 있었는데도 믿어져서 천국에 갑니다. 그러나 또 어떤 사람은 믿으려고 해도 믿어지지 않아서 지옥에 간다면 얼마나 억울할까요? 그런데 주님께서는 우리를 위해 한 가지 방법을 말씀해주셨습니다.

> 누구든지 주의 이름을 부르는 자는 구원을 받으리라 **롬 10:13**

구원을 오직 믿음으로 받는다는 것은 모두가 이미 아는 사실입니다. 그런데 로마서 10장 13절에 보면 '믿는다'는 표현 대신에 주의 이름을 '부른다'고 표현하고 있습니다. 주의 이름을 부르는 선택이 믿음을 강하게 하고, 구원의 은혜를 얻게 한다는 것입니다.

어떤 목사님의 아들이 야구 경기에 나갔다고 합니다. 목사님도 일정을 마치고 경기장에 도착했을 때 경기가 이미 시작되었습니다. 아들에게 경기 상황을 물었더니, 아이가 이렇게 대답했다고 합니다.

"아빠, 지금 0대 9예요."

이를 들은 목사님이 "에이, 그럼 지겠다"라고 혼잣말로 중얼거렸습니다. 그런데 아이는 단호하게 반박하며 이렇게 말했습니다.

"아빠, 아직 안 졌어요. 아직 1회초예요."

목사님은 이 이야기를 듣고 마치 머리를 한 대 얻어맞은 것 같았다고 합니다. 자신은 0대 9라는 현실만 바라보았지만, 아이는 아직 공격의 기회가 남아 있다는 것을 굳게 믿었습니다. 아이는 지고 있는 현실을 보지 않고 역전할 수 있다는 희망을 선택한 것이었습니다.

우리는 어떤 문제가 찾아왔을 때, 그 상황에서 느끼는 모든 감정과 문제, 생각을 다 섞어버리는 경향이 있습니다. '왜 나에게 이런 문제가 생겼을까?', '왜 나만 이런 일이 생길까?' 하고 문제에 깊이 빠져들게 되는 것입니다. 그러나 문제를 계속 생각하기보다는, 먼저 말씀을 기억하고 선제적으로 택할 수 있어야 합니다. 의지적으로 말씀을 선택하고 선포할 때, 믿음이 자라나고 하나님께서 일하실 수 있게 될 것입니다.

그러므로 내가 너희에게 말하노니 무엇이든지 기도하고 구하는 것은 받은 줄로 믿으라 그리하면 너희에게 그대로 되리라 막 11:24

Q11. 아래 선포문을 하루 열 번 이상 소리 내어 외쳐봅시다.

나는 말씀을 의지하여 기쁨 / 감사 / 순종을 택하겠습니다.

A. _____
_____

3 믿으면 감정은 따라옵니다

때로는 말씀에 감정적으로 동의가 되지 않을 수도 있습니다. 이때 우리가 해야 할 것은 의지를 가지고 말씀을 바라보는 것입니다. 말씀을 믿기로 택하면, 감정은 자연히 따라오게 됩니다. 예를 들어, 어느 날 회사에서 "오늘 통장으로 보너스가 100만 원씩 입금될 것입니다"라는 소식을 들었다고 가정해봅시다. 그러면 통장에 입금된 내역을 두 눈으로 확인하지 않아도 벌써 기분이 좋아질 것입니다. 믿음으로 받았기 때문에 이미 기쁨이 가득한 것입니다.

이처럼 믿으면 감정은 따라옵니다. 물론 처음에는 감정이 따라오지 않을 수 있지만, 계속해서 선포하고 믿음으로 받아들이면 감정도 점점 따라오게 됩니다. 그렇게 하나님께서 우리에게 주신 약속의 말씀들을 믿음으로 선포해야 합니다.

> 우리 주 예수 그리스도의 은혜를 너희가 알거니와 부요하신 이로서 너희를 위하여 가난하게 되심은 그의 가난함으로 말미암아 **너희를 부요하게 하려 하심이라** 고후 8:9

말씀은 하나님이 어떤 아버지인지를 잘 알려주고 있습니다. 하나님께서는 우리를 돌보시며, 이 땅에서도 복 주기를 원하십니다. 그렇다면 하나님의 때에 그 복이 풀어지도록 근심과 염려가 아닌, 믿음의 선포와 기도로 채워 넣어야 합니다. 이미 이루어진 것으로 믿고 반복해서 선포해보십시오. 아직 응답되지 않았을지라도 마치 응답된 것처럼 감사를 고백하고 선포하면, 불안한 감정이 사라지고 감사의 감정이 커지며 결국 응답되는 결과도 맛보게 될 것입니다.

당신에게 경제적 어려움이 있었는데 그것이 하루아침에 해결되었다고 상상해봅시다. 이것만 해결되면 두 발을 뻗고 잘 수 있을 것 같았는데, 정말 그 문제가 말끔히 해결된 것입니다. 그때 당신의 기분은 어떨까요? 벌써 마음이 가벼워지고 날아갈 것 같은 기분이 들 것입니다. 꿈에 그리던 일이 실제로 이루어졌다고 상상하면 벌써 그 기분이 따라옵니다. 평소 우리가 기도하면서 "앞으로 응답될 것을 믿습니다"라고 고백했던 것보다 훨씬 생생한 감정이 느껴질 것입니다. 진짜 믿으면 감정이 따라오게 됩니다.

Q12. 어느 날 누군가가 찾아와서 당신의 경제적 문제를 다 해결해주겠다고 하면 어떤 기분이 들까요? 상상하여 적어봅시다.

A.

4. 감정에 지지 않는 실제적 방법

1 산에 대고 꾸짖으십시오

다윗은 거인 골리앗 앞에서도 담대함을 잃지 않았습니다. 그 이유는 골리앗보다 크신 여호와 하나님께서 자신과 함께하심을 믿었기 때문입니다. 이처럼 아무리 우리 앞에 놓인 문제의 산이 높고 험난하다 해도 우리는 두려워할 이유가 없습니다. 하나님이 우리와 함께하시기 때문입니다.

마음을 지키기 어려울 때는 문제의 산에 대고 직접 선포해보시기 바랍니다. 미움, 분함, 원망, 낮은 자존감, 우울, 염려 등의 문제에 대고 "너는 내 것이 아니야!"라고 믿음으로 선포해야 합니다.

내가 진실로 너희에게 이르노니 누구든지 이 산더러 들리어 바다에 던져지라 하며 그 말하는 것이 이루어질 줄 믿고 마음에 의심하지 아니하면 그대로 **되리라** 막 11:23

Q13. 일주일간 들었던 감정 중 하나님으로부터 오지 않은 감정이 있다면 적어봅시다.

A. _____

_____

Q14. 위에서 답한 감정을 아래 빈칸에 넣어 선포해봅시다.

A. (   )아, 너는 내 것이 아니야! 당장 나가!

(   )은 내 것이 아닙니다!

2 산이 얼마나 큰지 말하는 것을 멈추십시오

우리의 말에는 감정과 생각을 좌우하는 놀라운 힘이 있습니다. 계속해서 우리 삶에 낙심과 절망을 말하면 그것이 하나님으로부터 오는 말씀을 막을 수 있습니다. 우리가 처한 산이 얼마나 큰지 과장하거나 염려하는 것을 즉시 멈추어야 합니다.

…말씀을 들으나 세상의 염려와 재물의 유혹에 **말씀이 막혀** 결실하지 못하는 자요 마 13:22

이스라엘의 열 명의 정탐꾼은 가나안 땅에 들어가지 못했습니다. 단 두 명의 정탐꾼인 여호수아와 갈렙만 그 땅에 들어갔습니다. 그 이유는 무엇일까요? 여호수아와 갈렙은 산이 얼마나 큰지 말하는 대신, 약속의 말씀을 붙들고 그것을 선포했기 때문입니다.

…그 땅 백성을 두려워하지 말라 그들은 우리 밥이라… 민 14:9 (개역한글)

말씀 외에 다른 소리를 잠시 꺼두고, 찬양을 부르거나 말씀을 선포하는 것이 좋습니다. 그때 하나님으로부터 이길 힘을 공급받을 수 있기 때문입니다. 만약 방언 기도가 가능하다면 방언 기도로 하나님과 연결되는 시간을 갖는 것이 좋습니다. 방언은 성령님이 이끄시는 대로 말하는 것이므로, 산이 얼마나 큰지 말하는 것을 멈추는 또 다른 방법이 될 수 있습니다.

3 나의 생각을 섞지 말고 하나님의 말씀만을 선포하십시오

만약 결말을 이미 알고 있는 드라마를 본다고 상상해봅시다. 이미 어떤 결말인지를 알고 있는 상태에서 '주인공이 죽으면 어쩌지?' 하고 노심초사하는 사람은 아무도 없을 것입니다. 또 우리나라가 이긴 축구 경기 재방송을 보면서 '지면 어떡하지?' 하고 불안해하는 사람은 없습니다. 아무리 손에 땀을 쥐는 장면을 보아도 초조해하지 않는 이유는 해피엔딩인 결말을 이미 알고 있기 때문입니다. 그렇다면 우리의 결말은 무엇입니까? 바로 말씀을 붙드는 것입니다.

그런데 말씀이 주어져도, 그것을 붙들지 않고 계속 내 생각을 붙들게 되면 마음을 지킬 수 없게 됩니다. 예수님과 함께 배에 오른 제자들은 갑자기 풍랑이 불어오자 두려움에 마음을 빼앗겨버렸습니다. 그들은 예수님과 함께 있음에도 불구하고 불안해하고 예수님을 원망했습니다. 그들은 아주 중요한 한 가지를 놓치고 있었습니다. 그것은 바로 예수님께서 "저편으로 건너가자"라고 말씀하셨다는 사실입니다.

> 그 날 저물 때에 제자들에게 이르시되 우리가 저편으로 건너가자 하시니 막 4:35

이미 예수님의 말씀이 떨어졌다면 그대로 되는 것입니다. 중간 과정에서 풍랑이 일든, 파도를 만나든 그것과 관계없이 말씀은 반드시 이루어집니다. 말씀이 "저편으로 건너가자"라고 하셨으면 그대로 되는 것입니다. 그러나 제자들은 중간 과정에서 두려움에 떨며 예수님께 불평을 토로했습니다. 예수님께서 말씀하신 것을 믿었다면, "주님이 저편으로 가자고 하셨어", "풍랑도 잠잠케 하시고 결국 건너가게 될 거야"라는 반응을 보였어야 합니다. 하나님은 '기승전 영광', '기승전 승리'의 삶으로 우리를 초대하십니다. 이것이 복음입니다.

Q15. 기도하고도 중간에 불안하거나 의심이 들었던 적이 있나요?
A.

Q16. 그때 우리는 무엇을 붙들어야 할까요?
A.

4 하나님의 성품이 나의 성품임을 반복해서 선포하십시오

하나님께서는 우리를 그분의 형상대로 지으셨습니다. 하나님의 권세가 내 권세, 하나님의 성품이 내 성품이 되었습니다. 따라서 어떤 감정이 들어왔을 때, 이것이 하나님의 성품과 어울리는지 생각해보아야 합니다. 우리가 이미 하나님의 성품을 가지고 있음을 아는 것과 믿는 것이 중요합니다.

또한 주님으로부터 온 감정을 선포하는 훈련을 해야 합니다. 선포는 우리 안에 내재된 것을 드러내는 능력이 있기 때문입니다. 성령님이 내 안에 계시기 때문에 모양만 있는 것이 아니라, 성령의 능력과 열매도 내 안에 있습니다. 예를 들어, 이미 우리 안에 있는 성령의 열매에는 기쁨(희락)이 있습니다. 현실을 보면 기뻐할 만한 일이 없을 수도 있습니다. 그러나 영적 팩트(fact)는 기쁨이 우리 안에 이미 있는 것입니다. 이러한 인식을 가진 상태에서 미리 기쁨을 선언하고 감사를 고백할 때, 하나님은 기쁨과 감사의 자리로 우리를 이끌어가실 것입니다.

항상 기뻐하라 쉬지 말고 기도하라 범사에 감사하라 이것이 그리스도 예수 안에서 너희를 향하신 하나님의 뜻이니라 살전 5:16-18

Q17. 마음속에 성령님이 계심을 믿으십니까?

A.

Q18. 우리 안에는 성령의 열매가 있습니다. 가장 좋아하는 성령의 열매를 하나씩 정하여 선포해봅시다.

A. 내 안에 (   )이 있다!

감정은 하루에도 수십 번씩 변할 수 있습니다. 그러나 하나님의 자녀는 감정이 아닌 말씀을 기준으로 살아가야 합니다. 수시로 틈타고 들어오는 부정적인 감정에 지배당할 이유가 없습니다. 이미 감정을 다스릴 권세와 성품을 우리에게 주셨기 때문입니다. 그러므로 사탄이 넣어주는 감정을 무분별하게 받아들이지 말고, 하나님의 성품을 계속해서 택하고 묵상하고 선포하십시오. 우리가 포기하지 않고 하나님의 성품을 계속해서 선포할 때, 우리를 기쁨의 자리, 은혜의 자리, 응답의 자리로 이끌어가실 것입니다. 이것이 사탄이 주는 감정에 속지 않고, 하나님의 형상을 회복하고 승리하는 영적 원리입니다.

6과

생각의 분별

하나님 아는 것을 대적하여 높아진 것을 다 무너뜨리고
모든 생각을 사로잡아 그리스도에게 복종하게 하니

고후 10:5

1. 생각을 분별해야 하는 이유

1 생각은 모든 것의 출발점입니다

어느 여름날, 창고에 있던 선풍기 한 대를 꺼냈습니다. 깨끗하게 씻어 말린 후, 아내에게 마지막 조립 작업을 맡기고 저는 다른 일을 했습니다. 잠시 후 선풍기를 틀어보니 바람이 잘 나왔습니다. 그날부터 일주일 가까이 선풍기를 틀고 지냈습니다. 그런데 언제부터인가 바람이 생각보다 시원하지 않게 느껴졌습니다. 아무리 강풍으로 돌려도 바람이 약하게 느껴졌습니다. 저는 부품을 하나하나 다시 분해하며 원인을 찾아 나섰습니다. 그런데 아내가 날개를 유심히 보더니 무릎을 치며 말했습니다.

"어머, 날개가 반대 방향으로 꽂혀 있었네요!"

그러고는 오히려 제게 물었습니다.

"그동안 덥지 않았어요?"

"아니요, 딱히…."

선풍기가 잘 조립되었고, 당연히 바람이 잘 나올 거라 생각했던 저는 초반에 별다른 이상함을 느끼지 못했던 것입니다.

생각은 우리의 느낌과 판단을 좌우합니다. 성경은 우리의 생각에 따라 결과가 달라진다고 말하고 있습니다(렘 6:19). 그만큼 생각은 우리의 모든 것을 결정하는 중요한 단계입니다.

때로는 생각이 신체의 변화를 좌우하기도 합니다. 흔히 드라마에서 범인을 수사하는 장면에 등장하는 것이 거짓말 탐지기입니다. 이 기기도 생각의 원리를 이용하여 만들어졌다고 합니다. 몸에 붙인 전극으로 뇌파, 심박수, 호흡 등을 측정하는데, 이때 생각하는 것에 따라 측정된 수치가 달라지면서 거짓말인지 진실인지를 판별할 수 있다는 것입니다.

'상상임신'이라는 단어를 들어본 적이 있습니까? 이 증상 또한 생각에서 출발하는 신체의 변화입니다. 스스로 임신했다고 믿는 것만으로도 실제 임산부와 유사한 증상이 나타납니다. 실제로 배가 불러오거나 소화불량을 느끼는 등 임신했다고 생각하는 것만으로도 신체적인 변화가 나타나는 것입니다. 이처럼 생각은 우리의 신체 변화와 느낌, 판단까지도 좌우합니다. 어떤 생각을 하느냐에 따라 우리의 결정과 방향이 완전히 달라지므로, 하나님 뜻에 맞는 생각, 하나님께서 기뻐하실 만한 생각을 하는 것이 매우 중요합니다.

문제는 사탄도 이 사실을 분명히 알고 있다는 것입니다. 모든 것이 생각에서 출발하기 때문에, 사탄도 생각을 틈타고 들어와 우리를 속이게 됩니다. 이러한 사탄의 방해를 막기 위해서는 생각의 단계에서부터 분별할 수 있는 지혜가 필요합니다.

생각을 분별하지 못해 비극적인 결말을 맞이한 인물이 가룟 유다였습니다. 유다는 원래 예수님과 동고동락하던 제자 중 한 사람이었습니다. 그는 예수님께 향유를 깨뜨린 여인을 향해 "차라리 그 돈으로 가난한 사람들을 구제하는 게 나을 뻔했다"고 말합니다. 여기서 예수님은 유다의 편을 드는 대신 여인이 한 일을 칭찬해주셨습니다(마 26:10). 이때 유다는 예수님에 대한 서운함을 품었을 수 있고, 그 서운한 마음이 '예수를 팔려는 생각'까지 나아갈 수 있었던 것입니다.

마귀가 벌써 시몬의 아들 가룟 유다의 마음에 예수를 팔려는 생각을 넣었더라 요 13:2

사탄은 유다에게 예수님을 팔려는 생각을 넣어주었고, 유다는 이것을 받아들여 예수님을 배신하는 선택을 하게 됩니다. 그는 생각을 분별하는 것에서 실패하여 후회로 생을 마감하게 된 것입니다. 이처럼 어떤 생각을 받아들이냐에 따라 그 결과도 달라집니다.

Q1. 가룟 유다에게 예수님을 팔려는 생각을 넣어준 배후는 누구인가요? (요 13:2)

A. _____

2 육신의 생각은 하나님과 원수가 됩니다

어떤 성도님이 이런 질문을 했습니다.

"목사님, 생각을 아예 멈추면 영적 싸움도 멈추지 않나요?"

그러나 안타깝게도 우리는 영적 전쟁을 멈출 수 없습니다. 전쟁터에서 총을 쏘지 않고 가만히 있으면 속수무책으로 공격당할 수밖에 없습니다. 우리의 생각과 감정도 분별하지 않고 그냥 가만히 두면 사탄에게 공격당할 수밖에 없습니다. 그러므로 날마다 승리하기 위하여 경건에 이르기를 연습해야 합니다.

경건을 연습해야 하는 이유는 우리가 하나님으로부터 왔으며, 하나님의 형상을 회복하여 새 사람으로 걸맞게 자라나야 하기 때문입니다.

> 우리가 세상의 영을 받지 아니하고 오직 **하나님으로부터 온 영을 받았으니**… 고전 2:12

그런데 우리 머릿속에는 하나님으로부터 온 생각만 존재하지는 않습니다. 사탄도 우리의 생각을 틈타고 들어옵니다. 사탄은 자신의 정체를 드러내지 않고 들어오게 됩니다. 이렇게 사탄의 생각을 받아들이게 되면 어떻게 될까요?

육신의 생각은 하나님과 원수가 되나니 이는 하나님의 법에 굴복하지 아니할 뿐 아니라 할 수도 없음이라 롬 8:7

우리가 하나님을 사랑하는데도 불구하고, 그분과 원수가 된다는 것입니다. 얼마나 충격적인 사실입니까? 생각을 무분별하게 받아들이는 것만으로도 우리와 하나님의 사이를 갈라놓을 수 있다는 것입니다. 경건을 연습해야 하는 이유가 여기에 있습니다. 생각의 단계에서부터 하나님으로부터 온 것인지 분별하고 사로잡지 않으면, 우리가 하나님의 원수가 될 수도 있기 때문입니다.

사랑하는 자들아 영을 다 믿지 말고 오직 영들이 **하나님께 속하였나 분별하라** 많은 거짓 선지자가 세상에 나왔음이라 요일 4:1

3 하나님의 생각이 내 생각보다 높습니다

그렇다면 우리는 어떤 생각을 택해야 할까요? 살다보면 내 생각과 하나님의 생각이 달라 충돌이 일어날 수 있습니다. 그래서 성경은 우리의 생각과 하나님의 생각이 다를 수 있다고 말합니다.

이는 내 생각이 너희의 생각과 다르며 내 길은 너희의 길과 다름이니라 여호와의 말씀이니라 사 55:8

하나님과 우리의 생각이 다를 수 있다는 것은, 하나님의 생각이 우리의 생각과 무조건 반대된다는 뜻이 아닙니다. 10년 전 나의 모습을 떠올려봅시다. 어린 시절 우리의 모습을 돌아보면 '그때는 어려서 그런 미숙한 선택을 했구나'라는 생각이 들기도 합니다. 시간이 지난 후 다시 돌아보니, 그것보다 더 지혜로운 방법이 있다는 사실을 깨닫게 됩니다. 따라서 하나님의 생각이 우리와 다를지라도, 결국 하나님의 생각이 우리의 생각보다 크고 완전하다는 사실을 알아야 합니다.

이는 하늘이 땅보다 높음 같이 내 길은 너희의 길보다 높으며 내 생각은 너희의 생각보다 높음이니라 사 55:9

하나님의 생각은 우리의 생각보다 완전하고 선하십니다. 그러므로 우리의 생각이 그분의 뜻과 다를 때, 더 완전하신 하나님 말씀에 우리의 생각을 정렬하고 일치시키는 연습이 필요합니다.

Q2. 어린 시절 미숙한 선택이나 행동을 한 경험이 있나요? 지금 다시 생각해보면 어떤 생각이 드나요?

A.

Q3. 하나님의 생각을 선택했던 적이 있다면 적어보고, 함께 나누어봅시다.

A.

2. 생각을 새롭게 해야 합니다

1 마음을 새롭게 할 때 변화될 수 있습니다

　어떤 사람들은 큰 집회에서 은혜를 받거나 초자연적인 체험을 경험할 때, 역동적인 변화가 이루어진다고 생각하기도 합니다. 하지만 진정한 변화는 외적인 경험이나 순간적인 감동만으로 이루어지는 것이 아닙니다. 성경은 가장 확실하고 근본적인 변화에 대해 정확히 설명하고 있습니다.

> 너희는 이 세대를 본받지 말고 오직 마음을 새롭게 함으로 변화를 받아 하나님의 선하시고 기뻐하시고 온전하신 뜻이 무엇인지 분별하도록 하라 롬 12:2

성경은 '오직 마음을 새롭게 함으로' 인하여 우리가 변화를 받는다고 분명히 말하고 있습니다. 그러므로 근본적인 변화를 받기 위해서는 마음을 새롭게 하는 과정이 우선적으로 이루어져야 합니다. 마음을 새롭게 하는 것이 변화의 시작임을 기억해야 하는 것입니다.

마음을 새롭게 한다는 것은 그리스도 안에서 내가 완전히 죽었다는 것과 이제는 내 안에 그리스도의 영이 사신다는 것을 믿는 것을 의미합니다. 그러므로 내 생각을 완전히 버리고 하나님의 말씀에 정렬해야 합니다.

그런데 누군가 '너의 생각을 완전히 버리라'고 하면 반감이 먼저 들 수 있습니다. 왜 그럴까요? 내 생각에 대한 집착을 가지고 있기 때문입니다. '내 생각'이 곧 '나'인 것처럼 받아들이기 때문에 '내 생각'을 무시당했을 때, 꼭 내가 무시당한 것처럼 느끼게 됩니다.

교회에 새로 등록한 부부가 있었습니다. 그런데 예배를 드리다보니 자신의 사고가 성경적인 내용과 반대된다는 사실을 깨닫게 되었다고 합니다. 처음에는 이러한 생각의 충돌이 불편하게 느껴져서 마음이 어려웠다고 합니다. 그러나 계속해서 말씀을 듣고 기도를 하다보니, 자기 생각에 대한 집착을 내려놓게 되었다고 합니다.

먼저 내 생각에 대한 집착을 내려놓아야 합니다. 그래야 하나님의 생각을 받아들일 준비를 할 수 있습니다. 설령 내 생각이 합리적이고 옳다고 느껴질지라도, 그것이 말씀과 일치하지 않다면 과감하게 내 생각을 내려놓는 것이 새 사람의 모습입니다.

Q4. 내려놓지 못했던 내 생각을 말씀에 맞게 바꾸거나 멈추었던 경험이 있습니까?

A.

2 말씀으로 생각을 사로잡아야 합니다

하루는 모기 몇 마리가 계속 귓가를 앵앵거리며 잠을 방해한 적이 있습니다. 밤새 잠을 설친 다음 날 아침에 확인해보니, 창문이 살짝 열려 있는 것을 발견하게 되었습니다. 3센티도 안 되는 매우 좁은 틈이었는데, 그 작은 틈을 통해 들어온 모기가 밤새 단잠을 방해했던 것입니다.

만약 모기가 내 눈앞에서 창문을 통해 들어오고 있다고 상상해봅시다. 또는 큰 뱀이나 벌레 같은 것이 우리 집에 들어오고 있다고 하면, 그것을 보고도 그냥 방치하는 사람은 아무도 없을 것입니다. 어떻게든 그것들이 들어오지 못하도록 조치를 취하려 할 것입니다. 눈에 보이는 해로운 것도 어떻게든 막아내려고 노력하는데, 하물며 우리의 생각은 어떻습니까? 머릿속에 온갖 더러운 생각들이 들어오는 것을 알면서도, 그것이 들어오게 내버려 두어서는 안 되는 것입니다. 하나님으로부터 오지 않는 생각을 방치하는 것은 벌레나 뱀이 수십 마리씩 들어오는 것보다 더 심각한 일입니다. 매 순간 머릿속에 어떤 생각이 들어오고 있는지 영적으로 예민하게 감지하고 반응해야 합니다.

우리의 싸우는 무기는 육신에 속한 것이 아니요 오직 어떤 견고한 진도 무너뜨리는 하나님의 능력이라 모든 이론을 무너뜨리며 하나님 아는 것을 대적하여 높아진 것을 다 무너뜨리고 **모든 생각을 사로잡아** 그리스도에게 복종하게 하니 고후 10:4-5

내 안에 하나님으로부터 오지 않은 생각들이 감지되었다면, 그것을 사로잡아야 합니다. 하나님이 기뻐하시지 않는 생각들이 아무런 제약 없이 돌아다니게 해서는 안 됩니다. 그러므로 성경은 생각을 멈추라고 말하지 않고, "사로잡으라"고 강력하게 말합니다. 그만큼 생각을 통제하는 것이 어렵기 때문입니다.

'사로잡는다'는 단어는 원어에 보면 "정복하다", "통치하다"라는 강력한 의미가 담겨 있습니다. 이는 단순히 택한다는 개념이 아닌, 모든 생각을 말씀에 근거하여 정복하고 통치한다는 뜻입니다. 새가 머리 위로 지나갈 수는 있어도, 머리 위에 둥지를 틀게 해서는 안 된다는 말이 있습니다. 마찬가지로, 하나님이 기뻐하시지 않는 생각이 지나갈 수는 있어도, 그것이 자리 잡도록 내버려두거나 방치하면 안 됩니다. 그 순간에 끊임없이 말씀을 묵상하고 선포하고 대적함으로써 생각을 사로잡는 훈련이 필요합니다. 생각을 사로잡는 좋은 방법은 소리 내서 선포하는 것입니다. 생각을 직접적으로 꾸짖어보고, 하나님의 말씀을 선포하면 주님으로부터 오지 않는 생각은 떠나갈 것입니다.

3 새 사람의 정체성을 기억해야 합니다

감사만 하는 마을인 '감사촌'과 불평만 하는 마을인 '불평촌'이 있었습니다. 어느 날, 불평촌에 사는 사람이 감사촌에 놀러 가게 되었습니다. 그곳에는 모든 일에 감사가 넘쳤습니다. 불평촌에 살던 사람도 감사촌에서 지내는 동안 감사를 많이 하게 되었습니다. 그렇게 아침부터 저녁까지 하루 종일 감사촌에 있다가 밤늦게 불평촌에 돌아오자 그는 이렇게 말했습니다.

"오늘 아침, 점심, 저녁 내내 감사만 했네."

그러고는 불평촌에서 불평하던 옛 습관 그대로 돌아오게 되었다고 합니다.

Q5. 여러분은 현재 감사촌에 살고 있습니까? 불평촌에 살고 있습니까? 지난 한 주간 했던 생각을 돌아봅시다.

A. _____

_____

그런즉 누구든지 그리스도 안에 있으면 새로운 피조물이라 이전 것은 지나갔으니 보라 새 것이 되었도다 고후 5:17

하나님 안에서 우리는 새로운 존재가 되었습니다. 이전에는 내가 부정적이거나, 연약하거나, 쉽게 죄에 넘어지는 사람이었을지 몰라도, 그리스도 안에서 우리는 새로운 존재입니다. 그럼에도 사탄은 '너는 안돼', '넌 원래 죄에 잘 넘어졌잖아'라며 생각을 통해 우리의 정체성을 속이려 합니다. 이때 우리는 "나는 이미 새 사람을 입었어"라며 새 사람의 DNA를 기억하고 선포해야 합니다. 하나님께서는 죄에 대하여 우리를 자유케 하셨습니다. 그러므로 정체성을 속이려 하는 사탄의 참소나 정죄를 대적하고, "나는 새 사람의 DNA를 가진 자입니다!"라고 선포할 수 있어야 합니다.

너희가 서로 거짓말을 하지 말라 옛 사람과 그 행위를 벗어 버리고 새 사람을 입었으니 이는 자기를 창조하신 이의 형상을 따라 지식에까지 새롭게 하심을 입은 자니라 골 3:9-10

우리는 이 땅에 발을 딛고 살지만, 하나님께 속한 자입니다. 이러한 정체성이 분명할 때, 우리가 무엇을 생각하고 택해야 하는지를 알 수 있습니다. 하나님께서는 우리의 생각이 하나님의 형상으로 새롭게 되기를 원하시고, 우리가 자라날 수 있도록 끝까지 도우실 것입니다. 우리가 새 사람의 정체성을 인식할 때, 하나님이 기뻐하시는 모습으로 자라나게 됩니다.

3. 하나님의 생각을 선택해야 합니다

1 하나님이 기뻐하시는 생각을 선택해야 합니다

그렇다면 우리가 해야 할 생각은 무엇일까요? 성경은 우리가 이 땅에서 어떤 생각을 택해야 하는지를 구체적으로 알려주고 있습니다.

> 끝으로 형제들아 무엇에든지 참되며 무엇에든지 경건하며 무엇에든지 옳으며 무엇에든지 정결하며 무엇에든지 사랑 받을 만하며 무엇에든지 칭찬 받을 만하며 무슨 덕이 있든지 무슨 기림이 있든지 **이것들을 생각하라** 빌 4:8

우리 삶 속에서도 영적인 가치를 반복해서 생각해야 합니다. 어떤 생각이 들어왔을 때, '하나님께 칭찬받을 만한 생각인가', '하나님이 기뻐하실 만한 생각인가'를 계속 생각해보는 것입니다.

사소한 일상에서도 우리는 하나님을 계속 묵상하고 생각할 수 있습니다. 작은 것 하나를 볼 때도 하나님과 연관 지어 생각하는 것입니다. 예를 들면, 성경에 "공중의 새를 보라"(마 6:26)라는 말씀이 있습니다. 그러면 하늘을 나는 새를 보면서 '하나님이 나를 돌보서. 내 삶을 인도하고 계셔'라고 생각하며 하나님을 촘촘히 묵상하고 그분의 사랑을 생각해보는 것입니다. 이처럼 의도적으로 하나님께 기쁨이 될 만한 생각을 택할 때, 우리 안의 하나님의 DNA가 활성화되어 더욱 온전한 새 사람으로 자라갈 수 있게 됩니다.

2 삶의 현장에서도 그리스도의 옷을 선택해야 합니다

옷 가게에 가면 여러 모양의 옷들이 진열되어 있습니다. 어떤 옷을 고르느냐에 따라 그 사람의 태도와 자세가 달라집니다. 예를 들어,

드레스를 고른 사람들은 걸음걸이부터 달라집니다. 어깨도 펴고, 허리도 꼿꼿하게 세우고, 우아하게 걷게 됩니다. 음식을 먹을 때에도 신경을 많이 쓰게 됩니다. 하얀 옷에 국물 하나도 튀지 않도록 앞에 냅킨을 깔고, 멀리 떨어져서 먹는 등 최대한 조심해서 음식을 먹게 됩니다. 반면, 작업복을 고른 사람들은 더 자유롭게 활동할 수 있게 됩니다. 아무 곳이나 편하게 앉기도 하고, 음식을 먹을 때 조금이라도 묻을까 노심초사하지는 않습니다. 이처럼 어떤 옷을 입었는지가 그 사람의 자세와 태도를 결정하게 됩니다.

Q6. 턱시도나 드레스와 같이 멋진 정장을 입었다고 상상해봅시다. 걸음걸이나 자세, 말투가 어떻게 될지 두 가지 정도 적어봅시다.

A. _____

_____

장난기 많은 한 청년이 있었습니다. 교회 복도에서 우렁찬 웃음소리가 들리면 안 보고도 '그 청년이 왔구나' 하고 알 수 있었습니다. 주변 사람들을 잘 웃기고, 장난도 많이 치던 짓궂은 형제였는데. 어느 날 이 형제가 ROTC에 입대하게 되었습니다. 그리고 한 달 정도 지났을 때 군 복무 중인 사진을 제게 보내왔습니다. 처음에는 사진을 받고도 제가 알던 청년과 동일 인물이 맞는지 헷갈렸습니다. 장난기 가득했던 청년은 온데간데없고, 절도있게 주먹을 내지르는 늠름한 군인이 되어 있었습니다.

같은 사람이어도 군복을 입고 있는지, 평상복을 입고 있는지에 따라 그 자세와 태도가 달라집니다. 그렇다면 우리는 어떤 옷을 입어야 할까요? 성경은 우리가 그리스도로 옷 입으라고 말합니다.

오직 주 예수 그리스도로 **옷 입고** 정욕을 위하여 육신의 일을 도모하지 말라 **롬 13:14**

그러므로 너희는 하나님이 택하사 거룩하고 사랑 받는 자처럼 긍휼과 자비와 겸손과 온유와 오래 참음을 **옷 입고** **골 3:12**

우리는 그리스도와 합한, 그리스도로 옷을 입은 자들입니다. 세상의 수많은 옷 중에서 우리가 택해야 하는 옷은 그리스도의 옷입니다. 그리스도의 옷을 택한다는 것은 곧 '그리스도의 정체성을 택하는 것'을 의미합니다. 예수님의 생각의 옷을 입는 것입니다. 우리가 입은 그리스도의 옷은 최고의 명품이자 그 어떤 것으로도 바꿀 수 없는 가치입니다. 이 사실을 분명히 인지하고 있으면 어디서도 당당한 하나님의 자녀로서 살아갈 수 있습니다.

어떤 아버지가 자녀에게 반짝반짝 빛나는 새 옷을 사주었습니다. 아이는 "와! 우리 아빠가 새 옷을 사주셨다! 우리 아버지 최고! 짱이에요!" 하며 신나서 방방 뛰며 기뻐했습니다. 그런데 얼마 후 중요한 자리에 초대받은 아이가 새 옷이 아닌 추리닝을 입고 초대받은 자리에 나갔습니다. 사람들은 아이를 향해 면박을 주었습니다. 상처받고 집에 돌아온 아이가 옷장 문을 열더니 그대로 걸려 있는 새 옷을 보고 "참, 아버지가 사주신 새 옷이 있었지!" 하며 '다음에는 꼭 새 옷을 입고 나가리라'고 다짐했습니다. 그런데 얼마 후, 다른 자리에 초대를 받았는데 또 새 옷이 아닌 추리닝을 입고 나갔습니다. 이를 본 아버지는 얼마나 안타까운 마음이 들까요? 아버지는 아이가 새 옷을 입고 나가 사람들 앞에서 새 옷을 자랑하며, 기죽지 않고 당당하기를 바랄 것입니다. 그런데 아이는 새 옷을 가지고만 있을 뿐, 입고 나가지 않으니 매번 사람들에게 상처만 받고 돌아오는 것입니다.

우리는 이미 예수님께 구원의 옷을 받았습니다. 그런데 받기만 하고 그 옷을 입지 않고 옷장에 고이 넣어두고 있지는 않습니까? 구원받았다는 사실을 알지만, 정작 삶의 현장에서는 그것을 기억하지 못한 채 살아간다면 아무 소용이 없습니다. 아무리 신앙생활을 오래 해도 나의 옛 습관, 나쁜 버릇, 하나님이 기뻐하지 않는 일들이 고쳐지지 않는다면, 어쩌면 구원의 옷을 걸어만 두고 입고 나가본 적이 없는 아이의 모습과 같을 수도 있습니다.

이제는 우리에게 주신 그리스도의 생각으로 옷을 입고 삶의 현장으로 나가야 합니다. 보이지 않는 옷을 어떻게 입을 수 있을까요? 그리스도의 생각의 옷을 입는다는 것은 수시로 그리스도의 정체성을 생각하고, 선포하는 것입니다. "나는 그리스도의 생각을 입습니다!"라고 선포할 때 내가 어떤 정체성의 옷을 입었는지가 달라지고, 그에 맞는 태도와 자세를 취하게 됩니다.

Q7. 선물 받은 옷을 입어본 적이 있습니까? 새 옷을 입고 나가면 어떤 기분이 듭니까?

A.

Q8. 만약 내 아이가 선물 받은 옷은 그대로 놓고, 추리닝만 입고 나간다면 부모로서 어떤 마음이 들까요?

A.

3 천국 백성의 생각을 선택해야 합니다

여름이 되면 사람들은 야외에서 캠핑을 합니다. 편한 집을 놔두고 밖에서 하룻밤을 자려고 하면 불편한 것이 한둘이 아닙니다. 그런데도 사람들은 텐트에서 잠을 자면서 불평하지 않습니다. 왜 그럴까요? 자신이 돌아갈 집이 따로 있기 때문입니다.

그러나 우리의 시민권은 하늘에 있는지라 거기로부터 구원하는 자 곧 주 예수 그리스도를 기다리노니 빌 3:20

누군가 우리에게 어디에 사느냐고 물으면 '한국에 산다', '어느 지역, 어느 동에 산다'고 답할 것입니다. 그렇다면 우리는 어디에 사는 사람일까요? 우리의 시민권은 천국에 있으며 우리는 본향인 천국으로 다시 돌아갈 존재입니다. 지금은 이 땅에 발붙이고 살지만, 천국 백성의 정체성을 늘 생각하며 살아가야 합니다.

천국 백성의 정체성을 인식할 때, 우리는 새로운 시선으로 이 땅의 삶을 바라볼 수 있게 됩니다. 돌아갈 집이 있는데 텐트가 좀 불편하거나, 다른 사람들의 텐트보다 멋지지 않다고 해서 자존심이 상하는 사람은 없을 것입니다. 이처럼 우리는 이 땅에서만 끝날 인생이 아니라, 영원한 천국의 소망을 가진 자들입니다. 돌아갈 본향인 천국을 생각하면, 이 땅에서의 문제를 바라보며 연연할 이유가 없게 됩니다. 천국 백성의 생각을 선택하며 인생을 새로운 관점에서 바라보는 것, 이것이 하나님의 DNA로 살아가는 방법입니다.

> 믿음으로 그가 이방의 땅에 있는 것 같이 약속의 땅에 거류하여 동일한 약속을 유업으로 함께 받은 이삭 및 야곱과 더불어 장막에 거하였으니 이는 그가 하나님이 계획하시고 지으실 터가 있는 성을 바랐음이라 히 11:9-10

Q9. 여러분의 소속은 어디입니까? 빌립보서 3장 20절을 소리 내어 읽어보고 답해봅시다.

A. _____
_____

4. 생각의 각축장에서 승리하는 방법

1 노이즈를 끄고 생각을 보호해야 합니다

제가 아는 목사님의 이야기입니다. 이분은 대학생 때 친구들과 당구를 치다가 재미를 붙이게 되었다고 합니다. 그 후로 당구장에 자주 가고, 집에서도 당구 잘 치는 법을 검색해보거나, 컴퓨터로 당구 게임을 하기도 했습니다. 그랬더니 눈을 감고 자려고 하는데 천장이 당구대로 보이고, 머릿속으로 자꾸만 당구 게임 하는 상상을 하게 되더라는 것입니다. 하루는 중고등부 아이들 앞에서 설교하던 중, 동그란 아이들의 얼굴이 마치 당구공처럼 보였다고 합니다. 눈을 감고 기도할 때 머릿속에서 당구공이 왔다 갔다 하는 것을 보면서 '아, 이건 하나님이 기뻐하시지 않겠다'고 생각했고, 이후로는 당구장에 발길을 끊었다고 합니다.

아무리 많은 모기향을 피워도, 정작 문을 꼭 닫아두지 않으면 틈새로 모기가 들어올 수 있습니다. 또 황사가 심한 날에 열심히 청소한다고 문을 다 열어놓으면, 먼지바람이 집 안으로 다 들어올 것입니다. 아무리 깨끗하게 청소한들, 문을 닫지 않으면 먼지가 쌓이는 것은 막을 수 없습니다. 영적 세계도 이와 같습니다. 하나님이 원하지 않으시는 것을 지속적으로 보게 되면, 밑 빠진 독에 물 붓기처럼 받은 은혜가 다 새어나가게 됩니다. 우리가 보고 듣는 것을 통해 악한 영에게 계속해서 문을 열어주기 때문입니다. 이를 막기 위해서는 말씀으로 생각을 보호하는 것이 중요합니다.

하나님과 교제함으로 연결되려면, 사탄의 틈인 세상의 노이즈를 끄고 교제에 집중해야 합니다. 어느 정도는 우리의 의지도 필요합니다. 스마트폰이나 미디어를 잠시 끄고, 하나님과 깊이 있는 교제를 하면 생각의 싸움에서 넉넉히 이겨낼 힘을 얻게 됩니다.

Q10. 목적 없이 미디어를 볼 때가 있나요? 있다면 주로 무엇을 보게 되나요?

A.

Q11. 위에 답한 내용을 절제하는 계획을 세워봅시다. 그리고 그 시간에 주님과의 기도에 집중해봅시다.

A.

2 먼저 하나님의 것으로 배불러야 합니다

하루는 집에서 혼자 라면을 끓여 먹었습니다. 그날따라 배가 너무 고파서 계란, 햄, 대파 등 이것저것 넣어 라면을 맛있게 끓여 먹었습니다. 배부르게 식사를 마치고 뒷정리를 하는데 외출했던 아내가 돌아왔습니다. 그런데 한 손에 도시락 같은 것이 들려 있었습니다. 알고 보니 유명한 맛집에서 파는 비싼 치즈 케이크를 선물로 받아온 것이었습니다. 그러나 저는 이미 라면으로 배부른 상태였고, 그 맛있는 치즈 케이크가 느끼해 보여서 한 입도 먹을 수 없었습니다.

우리가 하나님 말씀으로 배부르면 불필요한 미디어를 끊는 것이 어렵지 않습니다. 하나님의 영적 가치로 채우면 그동안 중독되었던 죄는 자연스럽게 멀어집니다. 사탄이 천하만국의 영광을 보여줬는데도 불구하고 예수님이 반응하지 않으신 이유는, 예수님의 마음이 이미 하나님으로 가득 차 있었기 때문입니다. 먼저 하나님으로 충만하면, 다른 것으로 채우려 하거나 마음을 주지 않게 됩니다.

영적인 것들로 채우는 방법에는 여러 가지가 있습니다. 길을 걸으며 좋아하는 찬양을 듣거나 흥얼거리는 것도 좋습니다. 말씀을 묵상하거나 소리 내어 선포하는 것, 또는 말씀을 듣거나 제자 훈련을 하는 것도 좋은 방법입니다. 하나님이 기뻐하시는 방향으로 마음을 쏟다 보면, 하나님의 것이 내 안에서 활성화되고 풍성해집니다. 그러면 유혹이 약화되고 다른 것은 자연스럽게 재미가 없어지면서, 죄로부터 점점 멀어지게 됩니다. 하나님의 것으로 죄를 이길 힘을 얻게 됩니다.

Q12. 하나님의 것으로 배를 불리는 영적 루틴을 세워봅시다.

A. _____
_____

3 반대되는 말씀을 선포해야 합니다

부모님이 일찍이 이혼하시고, 할아버지와 할머니 손에 방치되다시피 자란 자매가 있었습니다. 어릴 때 교회를 다닌 경험은 있지만, 하나님께 실망한 자매는 '세상에 믿을 사람은 오직 나밖에 없다'라는 마음으로 살아왔습니다. 하나님을 믿는 사람들은 모두 미쳤다고 여기며 살던 자매가 친구의 손에 이끌려 교회에 나오게 되었습니다.

감사하게도 자매는 예배를 드리면서 조금씩 마음을 열었고, 피난처 되시는 하나님을 만나게 되었습니다. 예전에는 교회를 다니면서도 스스로 죄인이라 여기며, 하나님을 '내가 죄를 지으면 벌하시는 무서운 분'이라고 생각했습니다. 그런 자매가 자기 안에 있는 하나님의 형상을 깨닫기 시작했습니다. 그리고 매일 일상에서 "나는 하나님의 사랑받는 자입니다! 나는 하나님이 기뻐하시는 자입니다"라며 자신이 깨달은 정체성을 소리 내어 반복적으로 선포했다고 합니다. 선포할수록 '내가 얼마나 사랑받는 자인지'를 깨닫게 되었고, 주님 안에서의 정체성이 확고해졌습니다. 정체성이 분명해지면서 놀랍게도 예배의 즐거움, 기도의 기쁨이 회복되었습니다. 낮은 자존감으로 억눌렸던 자매가 하나님의 DNA를 깨닫고 두려웠던 하나님에 대한 오해가 풀리니, 하나님 안에서 새 사람이 되었습니다. 이제는 주님 안에서 기쁨과 자유를 마음껏 누리며 행복하게 신앙생활을 이어가고 있습니다.

자매가 주님 안에서의 정체성을 회복할 수 있었던 것은, 말씀을 계속 선포하며 기도했기 때문입니다. 끝까지 선포하여 결국 사랑받는 자의 정체성이 확고해지고, 그것이 기쁨의 열매로 드러나게 된 것입니다.

이처럼 생각의 싸움에서 승리하는 방법은 하나님의 말씀을 선포하는 것입니다. 생각을 사로잡고 싶을 때, 다음의 방법을 하나씩 적으며 따라해보시기 바랍니다.

① 돌파하고자 하는 생각이나 문제를 노트에 적는다
② 그에 반하는 하나님 말씀을 찾는다
③ 반대되는 말씀을 포기하지 않고 소리 내서 10회 이상 선포한다
④ 성령님의 도우심을 구하며 기도한다

입술로 소리 내어 고백하는 것은 큰 도움이 됩니다. 의도적으로 하나님의 형상을 기억하고 하나님께서 우리 안에 주신 말씀을 선포해보십시오. 그것이 내 안에서 점점 견고해지면서, 문제를 돌파하고 생각을 사로잡을 힘을 얻게 될 것입니다.

하나님께서 우리 안에 심어 놓으신 좋은 생각들이 이미 풍성하게 있음을 기억합시다. 그것을 많이 묵상하고 선포하고 기억합시다. 사탄

의 생각을 사로잡고, 하나님으로부터 온 생각을 보호할 때 생각을 통해 아름다운 결과를 낳게 될 것입니다.

Q13. 위의 방법대로 떠오르는 생각을 정리해보시기 바랍니다. 한 주 동안 매일 선포해보고, 주변 사람들과 은혜를 나누어봅시다.

A. ① 돌파하고자 하는 생각이나 문제

....

....

② 그에 반하는 하나님 말씀

....

....

7과

말의 능력

그들에게 이르기를 여호와의 말씀에 내 삶을 두고 맹세하노라
너희 말이 내 귀에 들린 대로 내가 너희에게 행하리니

민 14:28

1. 말에는 권세가 있습니다

1 말씀을 말함으로 시작된 창조의 역사

창세기에는 천지 창조의 장면들이 기록되어 있습니다. 하나님께서는 말씀으로 천지를 창조하셨습니다. 그런데 더 정확하게 보면, 하나님께서는 말씀을 '말함'으로 세상을 지으셨다는 사실을 알게 됩니다.

하나님이 이르시되 **빛이 있으라** 하시니 빛이 있었고 창 1:3

하나님은 전지전능하신 분입니다. 생각만으로도 창조의 능력을 나타낼 수 있는 분입니다. 그럼에도 성경에 보면 "빛이 있으라", "물과 물로 나뉘라"라고 하시며 매일 말하심으로 창조하는 방법을 택하셨습니다. 그 이유가 무엇일까요? 바로 하나님이 사용하신 창조의 원리를 우리에게도 가르쳐주시는 영적인 의미가 있습니다. 우리는 피조물이지만 하나님의 형상이고, 하나님을 나타내는 존재로 지음 받았습니다. 그러므로 하나님께서 사용하셨던 통치권이 우리에게도 위임된 것입니다.

Q1. 창세기 1장 3절을 읽고 아래 빈칸을 채워봅시다.

A. 하나님이 (　　　　　) 빛이 있으라 하시니 빛이 있었고 (창 1:3)

하나님께서는 그분의 형상을 우리에게 주셨습니다. 하나님의 형상 안에는 하나님께서 사용하셨던 말의 권세도 다 들어 있습니다. 구약에는 사람이 말의 권세를 처음으로 사용하는 장면이 나옵니다. 그 인물이 바로 아담입니다.

여호와 하나님이 흙으로 각종 들짐승과 공중의 각종 새를 지으시고 아담이 무엇이라고 부르나 보시려고 그것들을 그에게로 이끌어 가시니 아담이 각 생물을 부르는 것이 곧 그 이름이 되었더라 창 2:19

하나님께서는 각종 생물을 아담에게 데려가십니다. 그리고 그가 부르는 대로 이름이 되게 하셨습니다. 이러한 말의 권세는 신약성경에서도 찾아볼 수 있습니다. 예수님께서는 그분의 삶을 통해 우리가 말의 권세를 어떻게 사용해야 하는지를 몸소 보여주셨습니다.

> 예수께서 대답하여 이르시되 기록되었으되 사람이 떡으로만 살 것이 아니요 **하나님의 입으로부터 나오는 모든 말씀으로** 살 것이라 하였느니라 하시니 마 4:4

　예수님은 40일 금식기도 중에 사탄에게 시험을 받으셨습니다. 이때 예수님께서 말씀한 것이 바로 하나님의 말씀이었습니다. 그런데 더 주목해볼 부분은 굳이 '하나님의 입으로부터 나온 말씀'을 강조하셨다는 것입니다. 이는 하나님의 말씀이 그분의 입으로부터 나오며, 우리 입으로부터 나오는 말씀에도 능력이 있음을 알려주시기 위함이라고 생각합니다.

Q2. 예수님은 말씀이 어디로부터 나오는 것이라고 하셨나요? (마 4:4)
A. _____
　　　_____

2 말씀을 심고 가꾸어야 합니다

　말에는 권세가 있습니다. 말을 할 때, 그것을 가장 먼저 들으시는 분은 하나님이십니다. 하나님께서는 귀에 들린 그대로 행하신다고 말씀하셨습니다.

> 그들에게 이르기를 여호와의 말씀에 내 삶을 두고 맹세하노라 너희 말이 내 귀에 들린 대로 내가 너희에게 행하리니 민 14:28

또한 우리가 하는 말은, 가장 먼저 말한 자기 자신이 듣게 됩니다. 믿음은 들음에서 난다고 말씀하셨습니다(롬 10:17). 따라서 무엇을 듣는지에 따라 우리의 믿음이 달라지고, 그것이 우리의 내면을 형성하는 중요한 요소가 됩니다.

그렇다면 우리는 어떤 말을 해야 할까요? 마치 사과나무 씨앗을 심으면 사과 열매를 맺는 것처럼, 어떤 말을 심느냐에 따라 어떤 열매를 맺을지가 결정됩니다. 우리가 심어야 하는 씨앗은 바로 하나님이 우리에게 주신 '말씀'입니다.

> 이 비유는 이러하니라 씨는 하나님의 말씀이요 눅 8:11

씨를 자라게 하려면 먼저는 씨를 심고 가꾸어야 합니다. 말씀을 심고 관리한다는 것은 말씀을 듣고, 묵상하고, 선포하는 것을 뜻합니다. 우리가 심고 정성으로 가꿀 때, 주님께서 자라게 하십니다.

> 태초에 말씀이 계시니라 이 말씀이 하나님과 함께 계셨으니 **이 말씀은 곧 하나님이시니라** 요 1:1

말씀은 곧 하나님이시며, 하나님을 가까이하는 것이 복이라고 하셨습니다(시 73:28). 그러므로 말씀을 가까이하고, 묵상하고, 선포할 때 내 삶의 모든 영역에서 복을 누리게 될 것입니다.

Q3. 평소 어떤 방법으로 말씀을 묵상하고 있습니까?

A.

Q4. 말씀을 심고 관리한다는 것은 구체적으로 어떤 것을 의미할까요? 위 내용을 참고하여 적어봅시다.

A.

3 우리 안에 선포의 능력이 있습니다

하나님께서는 그분의 형상을 따라 사람을 창조하셨습니다. 앞서 하나님의 형상은 '하나님의 반영, 능력' 등을 포함하는 의미라고 했습니다. 영이신 하나님의 형상을 닮았다는 것은 우리도 하나님의 능력과 권세가 주어진 영적 존재임을 의미합니다.

> 하나님이 이르시되 우리의 형상(מלצ chellem)을 따라 우리의 모양대로 우리가 사람을 만들고… 창 1:26

하나님의 형상을 닮은 우리는 하나님께서 사용하신 말의 권세를 위임받은 존재입니다. 하나님께서 말하심으로 아름다운 세상을 창조하셨던 것처럼, 우리도 말의 권세를 사용할 때, 이 땅에서 아름다운 결과로 드러나게 됩니다.

따라서 우리가 말씀을 선포할 때에는 이것이 오직 하나님으로부터 오는 능력임을 반드시 기억해야 합니다. 선포의 권세는 하나님의 형상을 통해서 우리에게 주어진 것이기 때문입니다. 우리가 하나님의 형상을 가졌고, 그리스도 안에서 한 영이라는 사실을 믿을 때, 비로소 선포의 권세를 사용할 수 있게 됩니다.

2. 무엇을 선포해야 하는가

1 새 사람의 정체성을 선포해야 합니다

하나님께서는 예레미야에게 임하셔서 그의 비전과 부르심을 알려주십니다. 그는 이미 모태에서부터 선지자로 세워진 자였습니다(렘 1:5).

그런데 하나님의 위대한 부르심을 받은 예레미야는 어떤 반응을 보였을까요? 감격하고 감사하는 반응이 아니라, 오히려 "슬프다"라고 답합니다.

내가 이르되 **슬프도소이다** 주 여호와여 보소서 나는 아이라 말할 줄을 알지 못하나이다 하니 렘 1:6

이때 하나님께서는 예레미야의 '말'을 바로잡으십니다.

여호와께서 내게 이르시되 **너는 아이라 말하지 말고** 내가 너를 누구에게 보내든지 너는 가며 내가 네게 **무엇을 명령하든지 너는 말할지니라** 렘 1:7

하나님께서 예레미야에게 "아이라 말하지 말라"고 하신 것은 스스로를 연약한 존재로 규정하여 말하지 말라는 뜻입니다. 대신 하나님께서 그에게 명령하신 것, 즉 하나님의 말씀을 말하라고 하셨습니다.

7과 말의 능력

Q5. 예레미야에게 말하지 말라고 하신 것과 말하라고 하신 것은 무엇이었나요?

A. (　　　　) 말하지 말고, (　　　　　　　　) 말할지니라 (렘 1:7)

　하나님께서는 예레미야의 말을 교정하신 후, 그를 놀라운 선지자로 사용하십니다. 하나님의 일을 시작하시기 전에, 먼저 교정하신 것이 예레미야의 '말'이었습니다. 무엇을 말하느냐에 따라 하나님의 역사를 이룰 수도 있고, 그것을 제한할 수도 있습니다.
　우리에게도 스스로를 규정하는 여러 가지 정체성이 있습니다. 그러나 우리가 말해야 하는 것은, 하나님의 말씀이 우리를 무엇으로 규정하느냐는 것입니다. 하나님께서 말씀으로 규정하신 정체성을 선포할 때, 우리에게 내재된 하나님의 DNA가 드러나고, 새 사람으로 지어져 가게 될 것입니다.

　사도 요한은 요한복음에서 자신을 소개할 때마다, 이름 앞에 '예수님이 사랑하시는 제자'라는 수식어를 자주 사용했습니다.

　베드로가 돌이켜 예수께서 사랑하시는 그 제자가 따르는 것을 보니⋯
　요 21:20

예수께서 사랑하시는 그 제자가 베드로에게 이르되… 요 21:7

시몬 베드로와 **예수께서 사랑하시던 그 다른 제자**에게 달려가서 말하되… 요 20:2

　요한과 함께 기록된 인물에는 베드로도 있었습니다. 그런데 흥미로운 점은, 베드로는 아무런 수식어 없이 '베드로'로 등장하는 반면, 요한은 '예수님이 사랑하시는 제자'로 자주 기록되어 있다는 것입니다. 자만하거나 교만해서가 아니라, 요한이 '사랑받는 자'라는 자신의 정체성을 분명히 알고 있었기 때문입니다. 하나님께서는 이러한 요한을 매우 기뻐하셨고, 그를 사랑의 사도로 세워주셨습니다. 뿐만 아니라 열두 제자 중 요한에게 세상의 종말을 보여주시고, 종말을 기록한 '요한계시록'의 저자로 세워주십니다. '사랑받는 자'라는 정체성이 확고한 자에게 영안을 열어주시고, 장래 일을 알려주신 것입니다.

Q6. 요한은 자신의 정체성을 어떻게 묘사하고 있습니까?

A. _____

_____

Q7. 매일 아침 "나는 주님의 사랑받는 자입니다"라고 3번씩 선포해보십시오. 그리고 주변 사람들에게도 "당신은 주님의 사랑받는 자입니다"라고 나누어보시기 바랍니다.

A. _____

_____

2 내 안의 선한 것이 있음을 인식하고 선포해야 합니다

사람 성격은 잘 변하지 않는다는 말이 있습니다. 그러나 성격은 외부적인 노력에 의해 변화되는 것이 아닙니다. 이미 하나님의 성품을 가지고 있음을 인식하고 선포할 때, 하나님의 성품이 내 안에서 나타나기 시작합니다.

한번은 남자 집사님이 저를 찾아오셨습니다. 이분은 욱하는 성질이 있는데 이러한 성격이 아내와 딸들에게 매번 상처를 준다는 것이었습니다. 저는 30일간 말씀을 선포하는 '말씀 선포 캘린더'를 집사님께 건넸습니다.

"집사님. 오늘부터 한 달간 매일 열 번씩 소리 내어 읽으시는 겁니다. 선포할 때마다 이미 말씀대로 되었다는 믿음을 가지고 선포해주세요."

생각보다 간단한 제안에 집사님은 가벼운 마음으로 돌아갔습니다. 그로부터 3주 후, 그의 아내 집사님이 먼저 저를 찾아오셨습니다.

"목사님! 정말 신기한 일이 벌어지고 있어요! 사람이 이렇게 달라질 수 있는 건가요?"

남편이 몇 주 안에 말투도 너그러워지고, 성격도 온순해지고, 예전처럼 쉽게 화도 안 낸다는 것이었습니다. 그렇게 아내 집사님이 다녀가고 일주일이 지나, 남자 집사님을 다시 뵙게 되었습니다. 한 달 전보다도 인상이 훨씬 부드러워 보였습니다.

"집사님, 얼굴이 훨씬 좋아지셨어요. 한 달 동안 어떠셨나요?"

집사님은 한 달간의 간증을 제게 들려주었습니다. 처음에는 낯간지럽기도 하고, 반신반의한 마음이 자주 들었다고 합니다. 선포를 시작한 초반에는 화를 못 참고 넘어지는 순간도 있었다고 합니다. 그래도 멈추지 않고 계속해서 "나는 온유한 자입니다! 내 안에 하나님의 성품이 있습니다!"라고 선포하니, 나중에는 이런 마음이 들었다고 합니다.

'나는 예수님 닮은 온유한 사람인데, 왜 혈기를 부리려 하지?'

마음 가운데 예수님이 계시고, 주님의 성품이 이미 부어졌음을 깨달으니 욱하는 마음도 조금씩 사라지고, 인상도 부드럽게 바뀌어 갔다고 합니다. 선포하는 말씀대로 성격이 완전히 변화되는 기적이 일어난 것입니다.

사람이 마음으로 믿어 의에 이르고 입으로 시인하여 구원에 이르느니라 롬 10:10

우리는 모두 주님 안에서 매일 자라나는 존재입니다. 그런데 성품을 있는 그대로 말하며 "저는 원래 참을성이 없어요. 자주 낙심이 돼요"라고 말을 풀어내서는 안 됩니다. 스스로 낙담시키는 말을 하여 믿음을 약화시키고 하나님의 시선으로 바라보지 못하게 됩니다. 이런 말을 멈추고, 우리 안에 있는 하나님의 형상을 바라보아야 합니다. 우리가 받은 하나님의 DNA는 완전합니다. 하나님께서는 우리 안에 선한 것을 부어주셨습니다. 성령의 아홉 가지 열매가 우리 안에 이미 다 들어 있습니다. 그러므로 매일 소리 내서 선포해보시기 바랍니다. 믿음으로 선포할 때 내 안에 내재된 하나님의 형상이 드러나고, 새 사람의 DNA로 우리 삶의 영역에서 점점 열매를 맺을 것입니다. 이것이 우리가 하나님의 DNA를 통해 새 사람의 성품으로 나타나는 영적 원리입니다.

Q8. 자라나고 싶은 성격이나 성품을 아래 빈칸에 한 가지 적어봅시다. 그리고 소리 내서 선포해봅시다.

A. 내 안에 하나님의 DNA가 있습니다. 그러므로 내 안에 (　　　)가 있습니다!

3 믿음으로 선포해야 합니다

영적 세계는 우리 눈에 보이지 않으므로 의식하며 살아가기가 어렵습니다. 그러나 분명히 알아야 할 것은, 우리의 말을 통해 엄청난 영적 싸움이 벌어지고 있다는 사실입니다. 그러므로 눈앞의 상황이 어려울지라도, 부정적인 말을 하는 것을 멈추고, 믿음의 말을 하는 연습을 해야 합니다.

다윗은 현실적으로 골리앗을 이길 수 없는 연약한 존재였습니다. 그럼에도 그의 입술은 믿음의 말을 선포했습니다. 그가 믿음의 말로 나갔을 때 하나님께서는 그가 말한 그대로 승리를 거두게 하십니다.

> …너는 칼과 창과 단창으로 내게 나아 오거니와 나는 만군의 여호와의 이름 곧 네가 모욕하는 이스라엘 군대의 하나님의 이름으로 네게 나아가노라 삼상 17:45

그의 입술은 골리앗과 같이 두려운 상황을 만났을 때뿐만 아니라, 왕위에서 쫓겨나 낙심이 될 만한 순간에도 항상 하나님을 향하여 찬송했습니다. 그는 반복적으로 마음을 하나님께 확정시키고, 소리 내어 하나님을 노래하고 찬양했습니다. 그로 인해 하나님의 인도하심을 받을 수 있었습니다.

'말'은 겉으로 보기에는 소리의 차원이지만, 사실 그 안에 영적 세계를 움직이는 놀라운 힘이 내재되어 있습니다. 무엇을 말하느냐에 따라 영적 세계가 변하고 결과가 달라집니다. 믿기만 하는 것보다 말로 선포하는 것에 더 큰 능력이 있습니다.

기록된 바 내가 믿었으므로 말하였다 한 것 같이 우리가 같은 믿음의 마음을 가졌으니 우리도 **믿었으므로 또한 말하노라** 고후 4:13

3. 새 사람의 말로 바꾸어야 합니다

1 오래 묵은 말의 습관을 바꾸어야 합니다

사람들은 건강을 유지하는 데 많은 시간과 노력을 쏟습니다. 그래서 몸에 좋지 않은 음식은 건강을 위해서라도 먹지 않습니다. 그런데 예수님께서는 사람을 더럽게 하는 것은 입으로 들어가는 것이 아니라, 입에서 나오는 것이라고 했습니다. 육신의 건강을 조심하는 것보다 더 중요한 것은 입에서 나오는 말을 조심하는 것입니다.

입으로 들어가는 것이 사람을 더럽게 하는 것이 아니라 **입에서 나오는 그것이 사람을 더럽게 하는 것이니라** 마 15:11

마가복음 9장에는 예수님이 귀신 들린 아이를 고치는 장면이 나옵니다. 아이의 아버지는 처음에 제자들에게 귀신을 쫓아내달라고 부탁합니다. 그러나 제자들이 고치지 못했고, 결국 예수님께 도움을 청합니다. 아이의 아버지는 제자들이 아이를 고치지 못한 것을 보고, 예수님께 도움을 청하면서도 '하실 수 있거든'이라고 말합니다. 이때 예수님께서는 그의 말을 교정하셨습니다.

예수께서 이르시되 **할 수 있거든이 무슨 말이냐 믿는 자에게는 능히 하지 못할 일이 없느니라** 하시니 막 9:23

예수님이 그의 말을 고쳐주시자 아이의 아버지는 즉시 말을 바꾸어 "내가 믿나이다"라고 대답합니다. 그러자 예수님은 귀신을 꾸짖어 내쫓으심으로 아이를 낫게 해주십니다. 믿음 없는 말을 먼저 고쳐주시고, 그 후 치유의 역사가 일어난 것입니다.

하나님이 주신 통치권을 잘 사용하면 이 땅에서 놀라운 축복을 누리며 살아갈 수 있습니다. 그러나 반대로 악한 말을 하게 되면 어둠을 풀어내는 통로가 될 수도 있습니다. 죽고 사는 모든 것이 혀의 권세에 달려 있기 때문입니다.

사람은 입에서 나오는 열매로 말미암아 배부르게 되나니 곧 그의 입술에서 나는 것으로 말미암아 만족하게 되느니라 죽고 사는 것이 혀의 힘에 달렸나니 혀를 쓰기 좋아하는 자는 혀의 열매를 먹으리라

잠 18:20-21

　우리의 입에서 하나님의 말씀이 나오면 아름다운 현실의 세계가 창조될 것이고, 하나님으로부터 오지 않은 사탄의 것들이 나오면 사탄이 좋아하는 어둠의 열매가 맺어진다는 것입니다. 그러므로 혼자 하는 말도 좋은 말을 하시기 바랍니다. 아무도 듣지 않는다고 해서 "죽고 싶다", "못살겠다"는 말을 하지 말고, "잘될 것이다", "기대된다"는 빛의 언어를 말해야 합니다. 하나님의 좋은 것을 말할수록 하나님은 좋은 길로, 완전한 길로 우리를 인도하실 것입니다.

Q9. 평소 우리가 습관적으로 말하는 것을 적어봅시다. 그리고 하나님께서는 어떻게 바꾸기를 원하실지 생각해봅시다.

A.

2 말의 순서를 바꾸어야 합니다

　말을 할 때 또 한 가지 중요한 것이 '말의 순서'입니다. 가끔 친한 사람들끼리 고민을 들어줄 때가 있습니다. 고민을 듣다보면 속상한 일에 대해 공감해주기도 하고, 위로를 건네기도 합니다. 그런데 누군가의 고민을 들어줄 때, 반드시 기억해야 하는 것이 있습니다. 단순히 감정적인 위로만으로 끝내지 말고, 생명의 말씀으로 끝맺어야 한다는 것입니다. 아예 속상한 얘기는 꺼내지도 말라는 것이 아니라, 말을 하더라도 말의 순서를 의도적으로 교정해야 한다는 것입니다. 말의 순서만 바꾸어도 결과가 완전히 달라지기 때문입니다.

　축구 경기를 하는데 전반전에서 1:0으로 져도 후반전에서 두 골을 넣게 되면 그 경기는 이긴 승부입니다. 이처럼 중간 결산을 하지 않고 끝까지 믿음으로 말하는 것이 중요합니다. 예를 들어, "하나님이 나와 함께하시는 것을 알지만, 난 여전히 외로워"라고 말하면 외롭다는 감정이 그대로 남아 있게 되고, 외로움으로 결론짓게 되면서 어두운 감정에서 벗어날 수 없게 됩니다. 이때 말의 순서를 바꾸어 "외롭지만, 하나님이 나와 함께하셔!"라고 말해보는 것입니다. 무엇을 결론으로 말하느냐에 따라 최종 승리를 거두게 됩니다.

4. 선포의 권세를 사용하는 방법

1 믿음으로 끝까지 선포하십시오

우리에게 주어진 놀라운 통치권을 알았다면 이제 이것을 사용해야 합니다. 아무리 좋은 기프트 카드가 있어도, 그것을 사용하지 않으면 소용이 없는 것처럼, 삶 속에서 선포의 권세를 반복적으로 연습하고 사용할 때 진정한 말씀의 능력이 풀어지는 것입니다.

그런데 선포하다가도 때때로 의심의 생각이 들어올 수 있습니다. 그때 의심의 생각을 방치하지 말고, 모든 생각을 사로잡아 그리스도에게 복종해야 합니다. 우리는 하나님의 형상으로 지음을 받았습니다. 그러므로 우리의 말의 권세를 통하여 아름다운 열매를 맺을 수 있습니다. 이것을 믿는 믿음을 가진 상태에서 선포할 때, 선포가 능력이 되는 것입니다.

예전에 집에서 콩나물을 기른 적이 있습니다. 콩나물 기르는 방법은 매우 쉽고 간단합니다. 그저 물만 잘 주면 알아서 쑥쑥 자랍니다. 언뜻 보기에는 물이 밑으로 다 빠지는 것 같아도, 그 물을 통해 영양분을 공급받고 자라나는 것입니다. 그렇게 며칠이 지나면 콩나물이 훌쩍 자라난 것을 볼 수 있습니다.

말씀을 선포하는 것은 콩나물이 자라는 것과 같습니다. 즉각적으로 눈에 보이는 결과가 나타나지 않을 수 있지만, 그렇다고 선포한 것이 사라지는 것이 아닙니다. 영적 세계에서는 그것이 콩나물처럼 쑥쑥 자라고 있는 것입니다. 믿음은 들음에서 나고, 들음은 하나님의 말씀에서 비롯되기 때문입니다.

그러므로 믿음은 들음에서 나며 들음은 그리스도의 말씀으로 말미암았느니라 롬 10:17

우리가 소리 내어 선포한 말씀은 내 귀에 가장 먼저 들려오게 됩니다. 믿음은 들음에서 나기 때문에, 우리가 말씀을 선포하면 우리의 믿음이 자라나게 됩니다. 선포한 말씀을 들음으로 믿음이 자라나는 것, 이것이 중요한 선포의 영적 원리입니다.

Q10. 믿음은 어디에서 난다고 말씀하고 있습니까? (롬 10:17)

A.

Q11. 우리의 믿음이 자라나기 위해서는 무엇을 많이 들어야 할까요?

A.

2 그림을 그리며 선포하십시오

한 청년이 저에게 이런 말을 한 적이 있습니다.

"목사님, 나중에 제가 큰 상을 타게 되면 방송에서 꼭 하나님께 영광을 돌릴 거예요."

청년은 이미 마음속에 자신이 상을 타고, 소감을 말하는 모습을 구체적으로 그리고 있었던 것입니다.

여호수아가 땅을 점령할 때, 그가 내린 명령은 먼저 그 땅을 그려 오라는 것이었습니다.

너희는 각 지파에 세 사람씩 선정하라 내가 그들을 보내리니 그들은 일어나서 그 땅에 두루 다니며 그들의 기업에 따라 **그 땅을 그려 가지고 내게로 돌아올 것이라** 수 18:4

미래에 대한 계획을 세울 때, 구체적인 그림을 그리면 막연했던 목표가 더 선명해집니다. 선포도 마찬가지입니다. 선포하면서도 잘 믿어지지 않는다면, 선포대로 이루어진 모습을 직접 그려보는 것입니다. 이미지로 그리고 상상하는 것만으로도 마음이 설레고 기대가 생깁니다. 선포할 힘이 생기고, 의욕이 샘솟게 됩니다. 선포하면서 그림을 그리는 것은 우리의 믿음을 더욱 굳건하게 만드는 효과적인 방법입니다.

Q12. 나의 꿈이나 소원이 이루어진 모습을 그려봅시다. 그리고 주변 사람들과 나누어봅시다.

A.

3 꾸준함과 지속성으로 선포하십시오

직장을 다니는 사람들은 동일한 시간에 출퇴근을 합니다. 등교하는 학생도 동일한 시간에 학교에 갑니다. 일정한 시간과 루틴이 있을 때, 그 생활이 견고해지고 안정되는 것처럼 영적 루틴도 마찬가지입니다. 꾸준함과 지속성이 있어야 내 삶에서 체질화되어, 아름다운 열매를 맺게 됩니다.

선포하다가도 의심이 들 수 있습니다. 그래서 몇 번 선포해보고 '내가 바뀌었나? 응답되었나?' 하고 확인하려 합니다. 눈에 보이는 변화나 결과가 없으면 조급한 마음이 들 수 있습니다. 그러나 분명한 사실은, 하나님의 때에 반드시 선포로 인한 열매를 보게 하신다는 것입니다. 그러니 때와 방법을 하나님께 온전히 맡겨드려야 합니다. 이것이 새 사람의 DNA로 살아가는 천국 백성의 모습입니다.

하나님의 말씀은 살아 있고 활력이 있어 좌우에 날선 어떤 검보다도 예리하여 혼과 영과 및 관절과 골수를 찔러 쪼개기까지 하며 또 마음의 생각과 뜻을 판단하나니 히 4:12

말씀을 말하는 것은 사람에게 부여된 만물의 통치권입니다. 내 안에 하나님의 형상이 있기 때문에 선포하는 것에도 능력이 있습니다. 이것을 믿음으로 붙들고, 말씀을 반복하여 선포해보시기 바랍니다. 놀라운 모습으로 변화되고 회복될 것입니다.

Q13. 말씀을 선포하는 것에는 나를 바꾸는 놀라운 힘이 있습니다. 매일 선포할 말씀을 하나 골라 하루 세 번씩 선포해봅시다. 그리고 어떤 마음가짐이 생기는지 함께 나누어봅시다.

A.

8과

그리스도인의 태도

너희 안에 이 마음을 품으라 곧 그리스도 예수의 마음이니
빌 2:5

1. 겸손은 능력입니다

📖 1 너희 안에 이 마음을 품으라

하나님께서는 우리를 하나님의 형상을 닮은 존재로 지으셨습니다. 또한 그분의 형상이 우리의 삶을 통해 드러나기를 원하십니다. 하나님의 형상이 우리 안에 있음을 굳게 믿으면, 우리의 태도를 통해 새 사람의 DNA가 드러나게 됩니다.

하나님의 형상을 닮은 우리는 어떤 태도를 가져야 할까요? 성경은 우리가 예수님과 같은 태도를 가져야 한다고 말합니다.

> 너희 안에 이 마음(attitude)을 품으라 곧 그리스도 예수의 마음이니
> 빌 2:5

여기서 '마음'은 영어로 'attitude'(태도)이며, 사전적 의미는 "몸가짐, 품행"입니다. 예수님의 마음을 품으라는 것은 곧 예수님의 태도를 품

으라는 뜻입니다. 그렇다면 하나님의 형상을 인식할 때, 우리에게 어떤 태도가 드러나게 될까요?

> 그는 근본 하나님의 본체시나 하나님과 동등됨을 취할 것으로 여기지 아니하시고 빌 2:6

그리스도인이 가져야 할 첫 번째 태도는 바로 '겸손'입니다. 예수님은 이미 하나님과 동등된 분이십니다. 하나님의 아들로서 세상에서 가장 높은 권세를 가지셨지만, 그럼에도 불구하고 모든 권세를 내려놓으셨습니다. 이것은 세상에서 가장 위대한 희생이었고, 가장 큰 추락이었습니다.

후배 목사님에게 들은 이야기입니다. 미국 LA에서 목회하고 있는데, 시카고에서 청년 연합집회가 열렸다고 합니다. 당시 유명한 찬양팀과 강사들이 초청된 대규모 집회였고, 목사님 교회의 찬양팀도 초청을 받았습니다. 시카고에서 LA까지는 비행기를 타고 이동해야 하는 긴 일정이었지만, 30여 명의 찬양팀 팀원들은 가기로 하고 3개월 동안 찬양 연습을 했습니다.

그런데 집회 당일. 오전부터 시작된 강의가 길어지면서 찬양 시간이 계속 미루어졌습니다. 사전에 약속된 시간보다 훨씬 늦게 강단에 올랐고, 이제 막 찬양을 시작하려는데 관계자 한 분이 앞으로 나와 리더에게 쪽지 하나를 건넸습니다. 쪽지에는 이렇게 적혀 있었습니다.

"죄송하지만 시간이 없으니, 찬양은 4분만 해주겠습니까?"

3개월 동안 준비했던 한 시간 분량의 찬양을 단 4분 만에 끝내라는 것입니다. 리더는 순간 '우리가 왜 이런 대우를 받아야 하나?' 싶은 속상한 마음이 들었다고 합니다. 그럼에도 속상함은 잠시 접어두고, 눈을 감고 하나님께 기도했습니다. 그때, 마음속에 세미한 음성이 들려왔습니다.

'나는 단 1분이라도 너의 찬양을 기쁘게 받을 것이다.'

기도를 하고 나니 리더의 마음속에 평안이 부어졌고, 그날 찬양팀은 4분 동안 온 마음과 정성을 다해 찬양을 올려드렸고, 현장에 있던 사람들은 짧은 시간임에도 강력한 성령의 임재를 경험했습니다. 찬양을 마치고 내려오는데, 리더는 이런 생각이 들었다고 합니다.

'만약 예수님이 더러운 말구유에 오시면서 '내가 이런 대우를 받아야 하나?'라고 생각하셨다면 우리는 구원받지 못했을 거야….'

그렇게 찬양팀은 이 일을 통해 오히려 예수님의 겸손하심을 깊이 깨달았고, 더 강력한 임재를 체험하는 시간이 되었다고 합니다.

만물의 통치자이시며, 찬양받기 합당하신 하나님의 아들 예수님도 가장 낮은 모습으로 자신을 낮추셨습니다. 그렇다면 우리는 어떤 태도를 가져야 할까요? 예수님처럼 모든 것을 내려놓는 태도를 가져야 합니다.

Q1. 빌립보서 2장 5절에 나오는 '마음'은 어떤 의미인가요? 위 내용을 참고하여 적어봅시다.

A.

Q2. 빌립보서 2장 6절에 기록된 예수님의 태도는 무엇인가요?

A.

2 겸손은 미덕이 아니라 능력입니다

예수님의 겸손한 태도는 예루살렘 입성 장면에서도 찾아볼 수 있습니다. 예수님은 최고의 높임을 받으며 입성해도 전혀 지나치지 않은 분이십니다. 그러나 그분은 나귀, 그것도 새끼 나귀를 타고 예루살렘으로 입성하셨습니다. 초라한 새끼 나귀를 타고 입장하셨던 이유는, 예수님께 나귀를 타실 정도로 자신을 낮출 수 있는 능력이 있으셨기 때문입니다. 겸손은 미덕이 아닌 능력입니다. 자신을 낮출 수 있는 것이 진정한 능력입니다.

시온 딸에게 이르기를 네 왕이 네게 임하나니 그는 겸손하여 나귀, 곧 멍에 메는 짐승의 새끼를 탔도다 하라 하였느니라 마 21:5

이러한 예수님을 가까이서 지켜보며 그분의 태도를 배운 제자가 안드레입니다. 안드레는 예수님의 열두 제자 중 첫 번째로 부름을 받았으며, 베드로도 안드레가 데려온 사람이었습니다. 그런데 예수님이 자주 데리고 다니셨던 베드로, 요한, 야고보의 무리에 안드레는 늘 빠져 있었습니다.

엿새 후에 예수께서 베드로와 야고보와 그 형제 요한을 데리시고 …
마 17:1

이 말씀을 하신 후 팔 일쯤 되어 예수께서 베드로와 요한과 야고보를 데리고… 눅 9:28

그럼에도 안드레는 질투하지 않았습니다. 성경 어디에도 자신이 첫 번째 제자라고 주장하거나, 제자들에 대해 질투했다는 기록은 없습니다. 그는 그저 자신이 맡은 일에 순종하며 정성을 다했을 뿐입니다. 중요한 본질을 놓치지 않았던 것입니다.

Q3. 안드레와 같이 뒤에서 묵묵히 섬기는 사람이 주변에 있습니까? 떠오르는 사람이 있다면 적어봅시다.

A.

3 정체성을 아는 자가 섬길 수 있습니다

…너희 중에 누구든지 크고자 하는 자는 너희를 섬기는 자가 되고 너희 중에 누구든지 으뜸이 되고자 하는 자는 너희의 종이 되어야 하리라 마 20:26-27

예수님은 우리에게 다른 사람을 섬기는 종이 되어야 한다고 말씀하십니다. 그러나 남을 높이고 섬기는 것은 결코 쉬운 일이 아닙니다. 그렇다면 우리는 어떻게 해야 종의 형체를 입고, 다른 사람을 섬기는 새 사람의 모습을 가질 수 있을까요? 그것은 나의 정체성을 알 때, 비로소 가능해집니다.

우리 안에는 하나님의 형상이 있습니다. 하나님의 형상에는 하나님의 성품, 태도, 겸손의 능력이 다 들어 있습니다. 이것을 인식할 때, 예수님께서 보이신 겸손이 우리 삶에서도 드러나게 됩니다.

…나를 본 자는 아버지를 보았거늘 어찌하여 아버지를 보이라 하느냐 요 14:9

예수님은 세상에서 가장 높은 자존감을 가지신 분이었습니다. 가장 높은 자존감을 가지셨기 때문에 기꺼이 낮추실 수 있었던 것입니다. 인간관계에서 때때로 자존감이 낮아지거나 무시당한 것 같아 마음이 어려울 때도 있을 수 있습니다. 그러나 억울한 마음이나 분한 마음에 머무르기보다 우리가 기억해야 할 것은, 우리 안에 예수님처럼 자신을 낮추는 능력이 이미 있다는 사실입니다.

내가 누구인지, 내가 얼마나 위대한 하나님의 형상을 가진 자인지를 알 때, 우리는 기쁨으로 겸손해질 수 있습니다. 이를 반복적으로 인식하고 묵상할 때, 비로소 겸손의 능력이 내 안에서 풍성해지는 것입니다. 겸손의 태도를 가지면 하나님의 때에 하나님께서 높여주실 것입니다.

그러므로 하나님의 능하신 손 아래에서 겸손하라 때가 되면 너희를 높이시리라 벧전 5:6

Q4. 당신에게 겸손이 있음을 믿으십니까? 아래 빈칸에 다시 한번 적어보고 선포해보시기 바랍니다.

A. 내 안에 예수님의 (　　　)이 있다!

2. 순종의 전문가가 됩시다

1 내 생각을 내려놓고 순종해야 합니다

그리스도인이 가져야 할 두 번째 태도는 '순종'입니다. 예수님은 이 땅에서 사역하실 때 하나님의 말씀을 따랐습니다. 예수님이 보여주신 가장 강력한 순종의 사건이 바로 십자가 사건입니다. 이처럼 하나님의 자녀로서 우리도 예수님의 순종을 본받아야 합니다.

순종은 제사보다 낫다고 기록될 정도로, 하나님께서는 우리의 순종을 너무나 기뻐하십니다(삼상 15:22). 베드로는 다혈질이고 욱하는 성격을 가진 사람이었습니다. 그런 그가 가진 강점 중 하나는 하나님의 말씀에 무조건 순종하는 태도였습니다. 심지어 그 말씀이 자기 생각과 맞지 않을 때도 그는 자신의 의견을 주장하지 않고 말씀에 순종했습니다.

시몬이 대답하여 이르되 선생님 우리들이 밤이 새도록 수고하였으되 잡은 것이 없지마는 말씀에 의지하여 내가 그물을 내리리이다 하고
눅 5:5

베드로의 직업은 어부였습니다. 하루 종일 물고기만 잡았기 때문에 나름 이 분야에서는 잔뼈가 굵은 사람이었습니다. 그럼에도 불구하

고, 게네사렛 호숫가에서 예수님이 "깊은 데로 가서 그물을 내리라"고 하셨을 때 말씀에 순종합니다. 그리고 순종을 통해 그물이 찢어질 정도로 많은 물고기를 잡는 역사를 경험할 수 있었습니다.

말씀보다 내 생각과 의견을 고집하고 싶은 순간이 있습니다. 그럼에도 불구하고 말씀을 의지할 때, 하나님께서는 그분의 선하신 계획을 드러내실 것입니다. 말씀에 의지하여 순종할 때, 우리의 순종을 놀라운 역사를 일으키시는 통로로 사용하십니다.

Q5. 베드로가 게네사렛 호수에서 선택한 것은 무엇입니까?

A. ....
....

예전에 한 모임에 강사로 초대받아 간 적이 있습니다. 제 차례 바로 앞 순서 강사가 예정된 시간보다 훨씬 길게 강의를 하는 바람에, 11시에 끝날 예정이었던 강의가 11시 50분이 다 되어서야 끝이 났습니다. 점심시간 이후에 또 다른 강의도 예정되어 있었습니다. 그때 관계자분이 오셔서 이렇게 말했습니다.

"이런 부탁을 드리기가 어려운데, 혹시 목사님께서 강의하시는 동안 저희가 앉은 자리에서 김밥을 좀 먹어도 되겠습니까?"

알겠다고는 했지만, 속으로는 조금 당황스러운 마음이 들었습니다. '밥을 먹으면서 강의를 들으면 과연 강의에 집중이 될까?' 하는 생각도

들고, 한편으로는 속상한 마음도 들었습니다. 그렇지만 어떤 상황에도 역사하실 하나님을 기대하며 강의를 시작했습니다. 그런데 5분 정도 지나자 청중들이 김밥을 내려놓고 집중하기 시작했고, 강의가 무르익어가며 하나둘씩 눈물을 흘리기 시작했습니다. 김밥을 먹다가 강의를 경청하고 또 눈물을 흘리는 모습들이 참 신기하고 감사했습니다. 인간적인 생각을 내려놓고 말씀에 의지하여 순종했을 때, 하나님께서 너무나 기뻐하신다는 것을 깨달았습니다.

때로는 이해되지 않는 말씀에 순종해야 할 때도 있습니다. 여호수아 5장에 보면 전쟁을 앞둔 이스라엘 백성들이 요단강을 건너 서편으로 넘어와 다음 전쟁을 준비합니다. 그런데 하나님께서는 여호수아를 통해 이해할 수 없는 명령을 내리십니다.

그 때에 여호와께서 여호수아에게 이르시되 너는 부싯돌로 칼을 만들어 이스라엘 자손들에게 다시 할례를 행하라 하시매 수 5:2

전쟁 직전에 남성들에게 할례를 행하는 것은 비상식적인 일입니다. 전쟁에 절대적으로 불리한, 목숨이 걸린 명령이기도 했습니다. 그러나 이스라엘 백성들은 불평하지 않고 여호수아의 명령에 순종합니다. 왜 아무도 반박하지 않고 명령을 그대로 따랐을까요? 그들은 적어도 여호수아가 하나님과 교통하고 있음을 믿었기 때문입니다. 하나님을 신뢰하고, 말씀을 의지하여 순종을 택한 것입니다. 그리고 이스라엘 백성들이 순종했을 때, 가나안 땅 정복의 역사가 본격적으로 시작되었습니다.

이처럼 하나님께서는 이해되지 않아도 순종을 택하는 사람을 너무나 기뻐하십니다. 우리가 순종할 때 하나님과의 관계가 더 깊어지고, 그분을 의지하는 믿음이 더 견고해지기 때문입니다. 이것이 하나님으로부터 오는 복을 누리는 비결입니다.

Q6. 이해되지 않아도 순종한 경험이 있습니까?

A. _____
_____

2 타이밍에 맞는 순종을 해야 합니다

목마른 상황에서 누군가 물을 가져다준다면 기분이 어떨까요? 정말 감사한 마음이 들 것입니다. 살다 보면 타이밍이 참 중요하다고 여겨지는 순간들이 있습니다. 이처럼 순종에도 타이밍이 있습니다. 하나님은 우리가 타이밍에 맞는 순종을 할 때, 그 순종을 기억하시고 기뻐하십니다.

타이밍에 맞는 순종을 했던 성경 인물 중 한 명이 예수님께 향유 옥합을 깨뜨린 여인이었습니다. 예수님께서 여인을 칭찬하신 이유는, 타이밍에 맞는 순종을 했기 때문입니다. 일주일만 늦었어도 예수님께서는 이미 십자가에 달려 돌아가셨을 것입니다. 그런데 십자가에 달려 돌아가시기 전, 가장 적절한 시점에 옥합을 깨뜨렸기 때문에 예수님의 장례를 준비할 수 있었습니다(막 14:8). 모든 순종에도 가장 적절한 타이밍이 있으며, 타이밍에 맞게 순종하는 것이 복된 길입니다.

Q7. 살면서 타이밍을 놓쳐 아쉬웠던 일이 있나요?

A.

Q8. 순종에도 타이밍이 있습니다. 지금 내가 순종해야 할 것은 무엇일까요?

A.

2018년, 캄보디아로 단기선교를 다녀왔습니다. 첫날 사역을 마치고 침대에 누웠을 때, 기도하라는 마음의 눌림이 있었습니다. '내일 사역에 지장이 없으려면 잠을 자는 게 낫지 않을까?' 그러나 눌림은 계속되었습니다. 몸은 피곤했지만, 기도를 해야 할 것 같아 다시 자세를 고쳐 앉고, 마음의 눌림이 없어질 때까지 방언으로 작게 기도하고 잠이 들었습니다.

다음 날, 사역지로 이동하는데 어제 기도했던 것이 떠올랐습니다. 마침 근처에 있는 신학교에 잠시 들러 기도를 하게 되었습니다. 우연히 들른 곳에는 학교를 청소하는 현지인 한 분이 계셨는데, 이야기를 나누다가 이분의 마음속 고민까지 듣게 되었습니다. 알고보니 크리스천이었고, 2주 전에 사고로 자녀를 잃어서 상처를 받고 '하나님이 나를 사랑하시면, 누군가가 나를 위로해주면 좋겠습니다'라고 기도했었다고 합니다. 저는 그분을 위해 간절히 기도를 해드렸습니다.

기도 후 "알 수 없는 평안함이 느껴져요. 사실 더 살고 싶은 마음이 없었는데, 다시 살아갈 마음이 생겼습니다"라며 감사를 표했습니다. 훨씬 밝아진 이분의 표정을 보며 어젯밤부터 기도할 마음을 주시고, 이곳까지 인도해주신 하나님의 큰 그림을 깨닫게 되었습니다.

하나님은 타이밍에 맞는 순종을 기뻐하십니다. 우리 삶 가운데 주님이 말씀하시는 타이밍이 있습니다. 이때 타이밍을 놓치지 않고 순종을 택하면, 반드시 하나님의 일하심을 경험하게 될 것입니다.

3 작은 일에도 순종해야 합니다

어떤 일에 순종했을 때, 그 일을 누군가 인정해주고 칭찬해주면 기분이 좋아집니다. 칭찬에 힘입어 더 열심히 하려는 마음도 생깁니다. 하지만 아무도 보지 않는 곳에서, 혹은 정말 작은 일에 순종하는 것은 쉽지 않을 수 있습니다. 아무도 인정해주지 않기 때문에 그 일을 소홀히 여길 수도 있고, 순종하고 싶은 마음이 약해질 수도 있습니다. 그러나 하나님은 우리가 보이지 않는 곳에서 성실하게 순종할 때, 그 마음을 반드시 기억하시고 축복하십니다.

인천에 사는 한 청년이 있었습니다. 이 청년은 교회에 등록한 지 얼마 되지 않았는데 예배를 사모하여 매주 인천에서 서울을 오갔습니다. 어느 날, 이 자매가 예배 준비팀에 자원하게 되었습니다. 그중에서도 자매가 맡은 일은 주보를 접는 일이었습니다. 사역은 매주 토요일 오후 4시에 시작되었고, 자매는 매주 토요일마다 2시간이 걸리는 교회에 와서 잠시 주보를 접고, 다시 2시간을 들여 집으로 돌아갔습니다. 누군가에게는 효율성이 떨어지는 매우 작은 일이라고 느껴질 수도 있지만, 자매는 그 일을 소홀히 하지도 않고, 집이 멀다는 내색도 한 번 하지 않았습니다. 그저 주어진 사명에 묵묵히 성실하게 임해주었습니다. 그런 자매의 순종을 보면서 주변 청년들도 감동과 도전을 받았고, 예배 사역팀 전체가 순종하는 분위기로 변화되었다고 합니다.

그 주인이 이르되 잘하였도다 착하고 충성된 종아 네가 적은 일에 충성하였으매 내가 많은 것을 네게 맡기리니 네 주인의 즐거움에 참여할지어다 하고 마 25:21

Q9. 작은 일에 순종한 사람에게 하나님께서는 어떤 복을 주실까요?
(마 25:21)

A.

다윗은 작은 일에 성실하게 순종하는 사람이었습니다. 그는 아버지의 양을 지킬 때, 사자의 발톱과 곰의 위협에서 양을 구하기 위해 싸웠습니다. 사자나 곰과 싸운다는 것은 곧 양을 지키는 데에 목숨을 걸었다는 뜻입니다. 당시 이스라엘의 상속 원리를 보면, 양을 잘 지킨다고 해서 다윗에게 큰 유익이 있는 것도 아니었습니다. 장남에게 재산의 절반이 가고, 나머지는 형들에게 돌아가기 때문에 막내인 다윗에게는 상속받을 지분이 거의 없었습니다. 게다가 다윗이 맡은 양의 수가 그리 많지도 않았습니다. 고작 몇 마리의 양을 치는 초라한 일이었지만, 다윗은 그 일에 목숨까지 걸 정도로 정성으로 순종한 것입니다. 하나님은 다윗의 이러한 순종을 보시고, 그를 이스라엘의 왕으로 세워 주십니다.

다윗이 아무도 보지 않는 작은 일에 순종한 이유는 무엇일까요? 그는 늘 하나님을 자기 앞에 모셨기 때문입니다.

> 내가 여호와를 항상 내 앞에 모심이여 그가 나의 오른쪽에 계시므로 내가 흔들리지 아니하리로다 시 16:8

'주님을 항상 내 앞에 모신다'는 인식이 있었기 때문에 아무도 보지 않는 들판에서도 성실하게 양을 치고, 사자나 곰의 공격으로부터 양을 지킬 수 있었던 것입니다. 이처럼 주님이 함께하신다는 사실을 인식하면 작은 일에도 성실히 임하게 됩니다. 작은 일일지라도 감사와 기쁨으로 감당할 때, 하나님은 기뻐하시고 더 큰 일을 맡겨주실 것입니다. 어디에서도 하나님의 형상을 인식하며 살아가는 사람들은 순종의 태도부터 다를 수밖에 없습니다.

Q10. 하루를 시작하기 전, 다음의 선포문을 함께 소리 내서 읽어봅시다.

A. 여호와를 항상 내 앞에 모십니다. 주님이 나의 오른쪽에 계시므로 내가 흔들리지 않습니다. (시 16:8)

3. 가장 큰 은사는 사랑입니다

1 모든 일의 동기는 사랑이 되어야 합니다

그리스도인이 가져야 할 세 번째 태도는 '사랑'입니다. 사랑은 하나님께서 우리에게 역사하시는 모든 일의 기초가 됩니다(고전 13:13).

하나님은 중심을 보십니다. 대단한 헌신을 해도, 아무리 열심히 봉사를 해도 정작 그 안에 사랑이 없으면 유익이 없다고 하셨습니다. 그래서 바울은 우리가 어떤 일을 하든지 그 마음의 동기에는 먼저 사랑이 있어야 한다고 말합니다. 사랑이 동기가 될 때, 하나님께서는 모든 일을 해낼 능력까지도 부어주십니다.

너희는 더욱 큰 은사를 사모하라 내가 또한 가장 좋은 길을 너희에게
보이리라 고전 12:31

… 내 몸을 불사르게 내줄지라도 사랑이 없으면 내게 아무 유익이 없
느니라 고전 13:3

군대에 가기 전, 저는 작은 교회에서 전도사 사역을 했습니다. 당시 제가 가르치던 중고등부 아이들은 산 밑에 살고 있었는데, 학교가 산 너머에 있어서 매일 산을 오르며 등교해야 했습니다. 무거운 책가방을 메고 힘들게 등교하는 아이들을 보니 마음이 쓰였습니다. 마침 교회 차가 한 대 있어서, 목사님께 허락을 구하고 차량 운행을 시작했습니다.

그렇게 시작된 차량 운행은 제가 군대에 가기 전까지 3년 내내 계속되었습니다. 사역에 학업까지 병행하느라 바쁜 시기였지만, 매일 아침 아이들을 배웅하고 눈을 맞추며 기도해줄 때, 그 사랑이 아이들에게 전달되는 것을 느꼈습니다. 그와 동시에 저에게도 영혼을 향한 하나님의 사랑이 더 크게 부어지는 것을 경험했습니다. 때때로 아침 일찍 일어나는 것이 피곤할 때도 있었지만, 그때마다 하나님은 아이들을 사랑하는 하나님의 마음을 저에게 부어주셨습니다. 바쁜 중에도 3년 내내 아이들을 데려다주었던 것은, 오직 사랑하기 때문에 가능한 것이었습니다.

하나님은 우리의 중심을 보십니다. 사랑이 동기가 될 때, 하나님께서는 기쁘게 받아주십니다.

2 사랑이 내 안에 충만할 때 사랑이 흘러갑니다

예수님은 제자들로부터 배신의 아픔을 겪으신 분이었습니다. 끝까지 따르겠다고 단언했던 베드로조차 눈앞에서 예수님을 배신했습니다. 그럼에도 예수님은 다시 고기 잡으러 간 베드로를 위해 진수성찬을 차려놓으셨습니다. 보통 사람이라면 "왜 나를 배신했니? 이유라도 들어보자"라고 말했을 것입니다. 그러나 예수님은 아무것도 묻지 않으시고, 딱 한 가지만 물으셨습니다.

◗

그들이 조반 먹은 후에 예수께서 시몬 베드로에게 이르시되 요한의 아들 시몬아 네가 이 사람들보다 나를 더 사랑하느냐 하시니… 요 21:15

예수님의 질문에 베드로는 "내가 주님을 사랑하는 줄 주님께서 아시나이다"라고 고백했습니다. 그러자 예수님은 "내 어린 양을 먹이라"라며 그에게 영혼 구원의 사명을 회복시켜주십니다. 그에게 먼저 사랑을 회복시키시고, 그다음에 사명을 감당하게 하신 것입니다. 이후 하나님께서는 베드로를 통하여 놀라운 역사를 일으키십니다. 하루에 3천 명이 회개하는 역사가 일어났고, 복음의 확장을 일으키는 능력의 사도로 쓰임 받게 되었습니다.

Q11. 예수님께서 배신했던 제자 베드로를 보시고 가장 먼저 물으신 것은 무엇이었나요? (요 21:15)

A.

Q12. 예수님께서 베드로에게 하신 질문을 나에게 하신다면, 나는 어떻게 답할 수 있을까요?

A.

    우리는 하나님의 사랑받은 자입니다. 우리가 하나님을 사랑하기 전에, 하나님이 먼저 우리를 사랑하셨다고 성경은 말하고 있습니다 (요일 4:10). 하나님은 지금도 오래 참으심으로 우리를 사랑해주십니다. 그 사랑의 크기를 깨달으면, 그 사랑이 주변 사람들에게도 흘러가게 됩니다. 하나님의 사랑이 충만해지면, 내가 할 수 있는 사랑의 한계를 뛰어넘어서 더 큰 사랑을 할 수 있게 됩니다. 심지어 육신의 피곤함도, 연약함도 뛰어넘는 사랑이 가능해집니다. 이것의 전제조건은 먼저 우리가 하나님의 사랑으로 충만해야 한다는 것입니다. 하나님으로부터 오는 크신 사랑으로 가득 채워질 때, 우리 안에 새 사람의 DNA의 열매가 드러나게 될 것입니다.

능히 모든 성도와 함께 지식에 넘치는 그리스도의 사랑을 알고 그 너비와 길이와 높이와 깊이가 어떠함을 깨달아 하나님의 모든 충만하신 것으로 너희에게 충만하게 하시기를 구하노라 엡 3:18-19

Q13. 하나님의 모든 충만하신 것으로 충만하려면 먼저 무엇을 알아야 할까요? (엡 3:18)

A.

3 하나님의 사랑을 구해야 합니다

하나님의 사랑은 우리 안에 있습니다. 하나님이 사랑이시기 때문입니다.

하나님이 우리를 사랑하시는 사랑을 우리가 알고 믿었노니 하나님은 사랑이시라 사랑 안에 거하는 자는 하나님 안에 거하고 하나님도 그의 안에 거하시느니라 요일 4:16

하나님은 사랑이시며, 우리는 하나님의 형상을 닮은 존재입니다. 그러므로 우리 안에도 이미 하나님의 사랑이 있습니다. 따라서 그 사랑을 인식하고 묵상할 때 우리 안에 있는 하나님의 사랑이 더 풍성해지며, 사랑의 열매로 드러나게 됩니다. 그런데 살아가다보면 사랑하기 쉬운 사람이 있는 반면, 저 사람만큼은 품기 어렵다고 생각되는 대상도 있을 것입니다. 사랑할 수는 있으나 모두를 사랑하기는 어려울 수 있습니다. 그렇다면 사람의 힘으로 품을 수 없는 사람까지도 사랑하기 위해서는 어떻게 해야 할까요?

이때 우리가 먼저 내려놓아야 하는 한 가지는 나 스스로의 힘만으로도 사랑할 수 있다는 '교만'입니다. 이러한 마음을 겸손히 주님 앞에 내려놓고, "주님, 저는 주님을 사랑하지만, 저 사람은 사랑할 수 없습니다. 제 안에 하나님의 사랑이 충만하도록 도와주세요"라고 진솔하게 고백하고 구하여야 합니다. "주님, 제 안에 하나님의 사랑이 있습니다", "주님, 제 안에 하나님의 DNA가 있습니다", "주님의 사랑이 내 안에 충만하게 하옵소서"라고 구해야 합니다. 또한 주님의 사랑이 이미 내 안에 있음을 인식하고, 반복적으로 선포해야 합니다.

하나님은 사랑이십니다. 그분이 내 안에 계시고 나를 통해 역사하시는 것을 믿으면, 새 사람의 모습 또한 자연히 드러나게 될 것입니다. 사랑이신 하나님이 우리 안에 계신 것을 믿으십니까? 우리 안에 있는 하나님의 DNA를 선포함으로 확증해봅시다.

Q14. 고린도전서 13장 4-7절을 찾아 읽어보고, 사랑이란 무엇인지 적어 봅시다.

A. ....

....

4. 우리는 세상의 빛입니다

1 빛의 정체성을 인식해야 합니다

그리스도인이 가져야 할 네 번째 태도는 '빛의 영성'입니다. 하나님은 우리를 세상의 빛이라고 말씀하셨습니다. 이 말씀을 읽을 때 우리에게 '어떻게 하면 빛의 역할을 더 잘 감당할 수 있을까?'라는 고민이 생길 수 있습니다. 그런데 성경은 우리가 빛의 역할을 하려고 노력하기보다, 먼저 우리를 빛 자체라고 말하고 있습니다. 내가 빛이라는 사실을 모르면서 빛의 역할만 감당하려고 노력한다면, 오히려 버거운 종교생활이 되어버릴 수 있습니다. 하나님은 나의 힘으로 빛의 역할을 감당해서, 빛 같은 존재가 되라고 하지 않으십니다. 그 전에 이미 내가 빛이라고 말씀으로 규정해주셨습니다.

너희는 세상의 빛이라 산 위에 있는 동네가 숨겨지지 못할 것이요

마 5:14

어둠은 무언가를 감추고 가리는 역할을 하지만, 빛은 어둠을 물리치고 밝히 드러내는 역할을 합니다. 우리는 빛이며, 빛이신 하나님의 성품을 가진 존재입니다. 그러므로 우리의 삶을 통해 하나님의 빛이 드러나고, 우리가 가는 곳마다 어둠이 물러갈 것입니다.

Q15. 매일 아침 다음의 선포문을 다섯 번 이상 소리 내서 선포해봅시다.
A. 나는 세상의 빛입니다. 나는 세상에 빛을 비추는 자입니다.

2 빛의 정체성을 인식하면 표정이 달라집니다

빛의 정체성은 우리의 표정을 통해서도 드러날 수 있습니다. 가끔 외부 집회를 인도하러 다른 교회에 가보면, 특히 인사를 잘하는 성도님들을 볼 수 있습니다. 빛의 영성이 충만한 교회일수록 인사를 잘합니다. 그만큼 먼저 인사하는 것은 빛의 정체성이 드러나는 좋은 방법입니다.

한 교회 집회에 갔다가 놀라운 간증을 들은 적이 있습니다. 집회를 다 마

치고 한 남성분이 앞에 나와 마이크를 잡고 간증하는데, "사실 저는 교회에 도둑질하러 왔습니다"라고 이야기하는 것입니다. 가방 하나 훔칠까 해서 왔는데, 교회 사람들이 너무나 친절하게 대해주었다고 합니다. 지저분한 옷을 입고 왔는데도 불구하고 밝게 인사해주고, 따뜻하게 대해주니 가방 훔칠 마음이 어느새 사라졌다고 합니다. 하나님의 빛이 비치니 도둑질을 하러 들어온 사람에게도 변화의 역사가 일어난 것입니다.

내가 빛이라는 정체성을 인식하면 그것이 삶에서 자연히 드러나게 됩니다. 사람의 표정이 달라지고, 인사성이 밝아집니다. 내가 빛이라는 인식과 선포를 내 삶의 현장에서도 많이 해보시기 바랍니다. 빛의 정체성을 촘촘히 인식할 때, 내가 속한 공동체와 주변 사람들, 가정과 직장의 분위기가 밝아지고, 기쁨이 충만해질 것입니다.

3 빛의 언어를 말해야 합니다

무릇 더러운 말은 너희 입 밖에도 내지 말고 오직 덕을 세우는 데 소용되는 대로 선한 말을 하여 듣는 자들에게 은혜를 끼치게 하라 엡 4:29

빛의 정체성을 인식한 사람은 사용하는 언어도 달라집니다. 자신이 빛이라는 것을 인식할수록 남을 험담하거나 비난하는 말은 사라지고,

축복하는 말, 다른 사람에게 힘이 되는 말을 더 많이 사용하게 됩니다.

Q16. 주변 사람 중, 빛의 언어를 많이 하는 사람이 있다면 나눠봅시다.

A. ....

....

 빛의 언어를 말하는 것은 공동체의 분위기를 밝게 만드는 방법 중 하나입니다. 성도님들과 상담하다보면 "나는 문제가 많아요. 해결하기 어려워요"라고 말하는 분들을 보곤 합니다. 저는 그런 분들에게 "하나님이 성도님을 너무 사랑하세요"라는 말을 꼭 들려줍니다. 처음에는 아무 반응이 없거나 시큰둥하게 받아들여도, 반복적으로 그것을 자주 그 분에게 말해주면, 그 성도님 안에 주님의 사랑이 충만해지고, 어두웠던 마음이 변화되는 것을 보게 됩니다. 영적인 관점에서는 아름다운 하나님의 언어가 들어감으로 인해 주변이 밝아지고, 빛을 전달하게 되는 것입니다. 빛의 언어를 듣는 사람도, 하는 사람도, 하나님의 사랑으로 풍성해지며, 언어를 통해 새 사람의 모습이 드러나는 것입니다.

 우리는 하나님의 형상으로 지음 받았습니다. 하나님이 빛이신 것처럼, 우리도 세상의 빛이라고 하셨습니다. 빛의 정체성을 선포함으로 내 안에 빛의 속성이 지속적으로 활성화될 때, 언어와 표정, 태도를 통해 공동체에 놀라운 변화가 일어나는 것입니다.

너희가 전에는 어둠이더니 이제는 주 안에서 빛이라 빛의 자녀들처럼 행하라 엡 5:8

Q17. "하나님은 나를 너무 사랑하셔"라고 말해봅시다. 주변 사람들에게도 "하나님이 당신을 너무 사랑하세요!"라고 말해봅시다.

A.

9과

새 사람의 기도

그러므로 너희 죄를 서로 고백하며 병이 낫기를 위하여 서로 기도하라
의인의 간구는 역사하는 힘이 큼이니라
약 5:16

1. 의인의 신분으로 구하는 기도

▐▐▐ 1 십자가의 은혜로 기도의 자격을 얻게 되었습니다

기도는 하나님께서 우리에게 주신 특권입니다. 십자가의 은혜로 말미암아 우리는 하나님의 형상을 다시 회복하고, 주님께 나아갈 수 있게 되었습니다. 거룩하신 하나님께 나아갈 자격을 얻게 된 것입니다.

이는 그로 말미암아…아버지께 나아감을 얻게 하려 하심이라 엡 2:18

이제는 전에 멀리 있던 너희가 그리스도 예수 안에서 그리스도의 피로 가까워졌느니라 엡 2:13

하나님의 형상이 우리 안에 회복되었습니다. 이전에는 죄의 종이었지만 이제는 하나님의 자녀이자 하나님의 상속자가 되었습니다. 그러므로 신분이 바뀌었음을 기억하고 하나님의 형상을 힘입어 주님께 나아가야 합니다.

예수님은 기도를 시작할 때, 가장 먼저 우리의 신분을 말씀하셨습니다. 주기도문의 첫머리는 '하늘에 계신 우리 아버지'로 시작됩니다. 하나님과 우리가 어떤 관계인지 확증하고 기도를 시작하셨습니다. 기도할 수 있는 자녀의 자격이 주어져야 하나님께 기도할 수 있기 때문입니다.

Q1. 우리가 하나님께 나아갈 자격을 얻게 된 이유는 무엇일까요? (엡 2:18)

A.

Q2. 예수님께서 알려주신 주기도문의 첫 문장은 무엇입니까? 이 문장을 통해 알 수 있는 나와 하나님과의 관계는 무엇입니까?

A.

자녀로서의 정체성을 인식한 후 기도하는 것은 차원이 다른 기도입니다. 하나님이 나의 기도를 들으신다는 확신이 분명해지고, 응답될 것이라는 믿음이 생깁니다. 기도가 응답되었을 때도 반응이 달라집니다. 기도 응답이 눈에 보일 때, "이게 진짜 되네?" 하고 신기하게 여기는 것이 아니라, "주님, 감사합니다! 믿음으로 기도했으니 응답해주실 줄 알았어요!"라고 감사히 받는 것이 자녀의 자연스러운 반응입니다.

이처럼 하나님 아버지께서 반드시 나의 기도를 들으신다는 확신이 있으면, 아직 기도의 열매가 눈에 보이지 않아도 믿음으로 끝까지 기도할 수 있습니다.

> 너희가 악한 자라도 좋은 것으로 자식에게 줄 줄 알거든 하물며 하늘에 계신 너희 아버지께서 구하는 자에게 좋은 것으로 주시지 않겠느냐 마 7:11

2 새 사람의 정체성으로 기도해야 합니다

> 그러므로 너희 죄를 서로 고백하며 병이 낫기를 위하여 서로 기도하라 의인의 간구는 역사하는 힘이 큼이니라 약 5:16

성경은 의인의 간구가 역사하는 힘이 크다고 말합니다. 그런데 성경이 말하는 '의인'은 '죄를 짓지 않는 착한 사람'을 의미하는 것이 아니라, '믿음으로 의롭다 여김을 받은 사람'을 의미합니다. 의롭다 하심을 얻는 것은 사람의 행위가 아닌, 오직 믿음으로만 받을 수 있습니다.

그러므로 사람이 의롭다 하심을 얻는 것은 율법의 행위에 있지 않고 믿음으로 되는 줄 우리가 인정하노라 롬 3:28

우리는 믿음으로 의인이 되었습니다. 의인이 되었다는 것은 새 사람이 되었다는 것을 의미합니다. 그러므로 우리가 기도할 때에도 새 사람의 정체성을 가지고 기도로 나아가야 합니다.

Q3. 야고보서 5장 16절을 찾아 읽고, 다음의 빈칸을 채워봅시다. "역사하는 힘이 큰 기도는 OO의 기도입니다."

A.

Q4. 기도하기 전에 아래의 선포문을 다섯 번씩 소리 내서 선포해봅시다.

A. 나는 믿음으로 말미암아 의인이 되었습니다. 그러므로 나의 기분은 역사하는 힘이 큽니다!

3 그래도 구하여야 합니다

하나님께서는 우리의 기도를 통하여 일하시고, 반드시 응답해주십니다. 그런데 "결국은 하나님의 뜻대로 될 것인데, 왜 우리가 굳이 기도해야 하나요?"라고 묻는 경우도 있습니다. 만약 하나님의 뜻대로 세상이 다 이루어졌다면, 세상 모든 사람이 예수님을 믿었을 것입니다. 모든 사람이 구원받는 것이 하나님이 원하시는 뜻이기 때문입니다.

하나님은 모든 사람이 구원을 받으며 진리를 아는 데에 이르기를 원하시느니라 딤전 2:4

그러나 세상 모든 사람이 구원받는 것은 아닙니다. 구원은 우리가 믿음으로 받아들일 때만 이루어질 수 있습니다. 하나님은 무엇이든지 마음대로 하실 수 있는 분이지만, 우리의 인격을 존중하시고, 우리의 의지를 존중하십니다. 그러므로 우리가 원하는 것도 반드시 구하여야만 이루어질 수 있습니다. 하나님께 기도로 구할 때, 우리의 기도를 통하여 하나님께서는 일하실 수 있습니다. 이것이 우리가 반드시 기도해야 하는 이유입니다.

… 그래도 이스라엘 족속이 이같이 자기들에게 이루어 주기를 내게 구하여야 할지라 내가 그들의 수효를 양 떼 같이 많아지게 하되 겔 36:37

2. 보혈을 의지하는 회개 기도

1 회개는 새 사람의 특권입니다

　의인이 된 새 사람에게 주어지는 중요한 특권 중 하나는 바로 회개입니다. 예수님께서는 우리를 위해 십자가에 달려 죽으시고 부활하셨습니다. 그로 인해 우리는 일회성으로 용서받은 것이 아니라, 누구든지 십자가 보혈을 의지하고 기도하면 용서받을 수 있게 되었습니다. 회개 기도는 전적인 하나님의 사랑이며, 회개하며 기도하는 것이 새 사람의 특권입니다.

　회개 기도를 하다보면 눈물이 흐르고 감정이 복받쳐 오를 때도 있지만, 그렇지 않을 때도 있습니다. 그러면 '내가 용서받은 게 맞나?' 하는 의문이 들 수도 있습니다. 그러나 우리가 하나님 앞에 나아갈 때는 믿음으로 나아가야 합니다. 우리의 느낌을 가지고 회개가 잘 되었는지를 판단하는 것이 아니라, 말씀에 입각한 믿음으로 기도하고 용서해주셨음을 믿는 것입니다. 처음에는 잘 믿어지지 않아도 소리 내서 말할수록 그것이 내 안에 진리로 자리 잡게 되어 조금씩 믿음이 자라나고 확신이 생길 것입니다.

Q5. 우리가 회개하면 하나님께서는 하늘에서 듣고 어떻게 해주신다고 하셨나요? 역대하 7장 14절을 찾아서 적어보십시오.

A. _____

_____

2 회개의 목적은 하나님과의 관계를 회복하는 것입니다

회개는 마치 아이들이 밖에서 모래놀이를 하고 돌아와 가장 먼저 더러운 손을 씻는 것과 같습니다. 어머니가 정성스럽게 차려놓은 음식을 먹으려면 손부터 씻어야 합니다. 손을 씻는 이유는 '너 손 안 씻었지?'라고 손 씻는 행위에 목적을 두는 것이 아니라 깨끗한 손으로 차려진 밥상을 마음껏 먹기 위함입니다.

이처럼 회개는 회개의 행위 자체가 목적이 아니라 하나님과의 관계를 회복시키기 위해서 하는 것입니다. 더러운 죄를 씻어내고 다시 하나님과의 식탁 교제로 나아가기 위함입니다. 회개를 통해 하나님과의 친밀한 관계가 회복되는 것이 가장 중요한 목적입니다.

혹 네가 하나님의 인자하심이 너를 인도하여 회개하게 하심을 알지 못하여 그의 인자하심과 용납하심과 길이 참으심이 풍성함을 멸시하느냐 **롬 2:4**

아이들은 벌받는 것이 무서워서 부모님께 잘못했다고 싹싹 빌며 용서를 구합니다. 그러나 회개는 벌받을까봐, 용서받지 못할까봐 하는 것이 아닙니다. 죄를 고백함으로 주님이 나를 얼마나 사랑하시는지, 내가 얼마나 큰 십자가의 은혜를 받았는지 묵상하면서 하나님과의 사랑하는 관계를 회복하는 것입니다. 회개함으로 은혜받은 자녀의 정체성을 기억하는 것입니다. 내가 심판받지 않도록 대신 죗값을 치르신 예수님의 사랑을 생각할 때, 진정한 회개가 터져 나오게 됩니다.

3 즉각적으로 회개해야 합니다

하나님은 우리를 이미 죄의 종에서 하나님의 자녀로 영적 입양해주셨습니다. 나의 행위가 아니라 예수님의 의로 의롭게 되었고, 예수님의 자격으로 의인이 되었습니다. 그렇다고 해서 '난 어차피 의인이 되었으니 이제부터 마음대로 죄짓고 살아도 되겠다'는 면죄부의 개념이 되어서는 안 됩니다. 종에서 의인으로 신분이 상승된 만큼, 그 은혜에 감사하며 죄를 짓지 않도록 죄와 대항하여 싸워야 합니다. 또 죄를 지었을 때는 반드시 회개를 잊지 말아야 합니다.

가룟 유다와 베드로는 둘 다 예수님을 부인하거나 팔아넘기는 엄청난 잘못을 저질렀습니다. 그런데 똑같은 잘못이었지만 두 사람의 운명은 완전히 달라졌습니다. 유다는 후회하면서도 회개는 하지 않았고, 그렇게 시간을 끌다가 결국 비극적인 최후를 맞이했습니다. 반면 베드로는 잘못을 깨닫고 애통하는 마음으로 울며 회개했고, 다시 복음을 전하는 사명의 자리로 회복하게 됩니다. 이처럼 우리가 죄를 지었을 때, 더 늦기 전에 즉각적으로 회개하는 것이 중요합니다.

그러므로 너의 이 악함을 회개하고 주께 기도하라 혹 마음에 품은 것을 사하여 주시리라 행 8:22

우리는 연약하여 죄를 짓고 넘어질 때도 있습니다. 그러나 넘어졌다고 포기하는 것이 아니라, 즉각적으로 회개의 자리로 나아와야 합니다. 그래야 죄와 더 멀어질 수 있고, 다음에도 똑같은 죄를 지을 상황에서 죄와 싸워 이길 수 있는 능력이 커집니다.

손을 씻을 때마다 회개 기도를 하는 것도 좋은 방법이 될 수 있습니다. 자주 손을 씻을 때마다 "예수님의 보혈로 나는 용서받은 의인입니다", "예수님 안에서 나는 정죄함이 없습니다"라고 선포해보는 것입니다. 회개의 루틴이 촘촘히 세워질 때, 우리는 거룩하신 하나님의 형상을 닮아가게 될 것입니다. 이것이 보혈을 의지하며 기도하는 새 사람의 모습입니다.

Q6. 지난 한 주 동안 회개할 죄가 있습니까? 생각나는 대로 적어보며 그것을 예수님의 보혈로 회개하는 기도를 드려보십시오.

A.

3. 이길 수밖에 없는 말씀 기도

1 약속의 말씀을 붙들고 기도하십시오

하나님께서는 우리에게 기도의 특권을 허락해주셨습니다. 우리는 하나님의 자녀로서, 의인의 정체성으로 주님께 나아갈 수 있게 되었습니다. 새로운 신분으로 기도할 수 있게 된 것입니다.

> 살리는 것은 영이니 육은 무익하니라 내가 너희에게 이른 말은 영이요 생명이라 요 6:63

하나님은 영이십니다. 그러므로 하나님께 나아갈 때, 우리는 하나님의 영에 맞추어 기도해야 합니다. 영은 곧 하나님의 말씀이며 생명입니다. 따라서 하나님의 영을 따라 기도하는 것은 곧 말씀을 따라 기도하는 것을 의미합니다.

하나님께서는 말씀을 붙들고 구하는 기도에 반드시 응답해주십니다. 엘리야의 기도는 약속의 말씀을 붙드는 기도가 무엇인지 잘 보여주고 있습니다. 그는 3년 반 동안이나 닫혔던 하늘 문을 기도로 열었던 선지자였습니다. 바알과 아세라의 선지자 850명이 아무리 제사를 지내고 주문을 외워봐도, 단 한 방울의 비도 내리지 않았습니다. 그러나 엘리야 혼자서 온 백성들 앞에서 기도할 때, 하나님께서는 불을 내리시고 번제물과 번제단을 다 태워 말려버리십니다.

이렇게 위대한 선지자를 두고 야고보는 그가 우리와 성정이 같다고 기록합니다.

◗

엘리야는 우리와 성정이 같은 사람이로되 그가 비가 오지 않기를 간절히 기도한즉 삼 년 육 개월 동안 땅에 비가 오지 아니하고 다시 기도하니 하늘이 비를 주고 땅이 열매를 맺었느니라 약 5:17-18

위대한 선지자인 동시에 우리와 성정이 같다는 것입니다. '성정이 같다'는 말은 "성질과 본성이 같다"라는 뜻입니다. 우리와 똑같이 화도 내고, 낙심도 하고, 나약한 모습도 가지고 있는, 본성이 같은 사람이었습니다. 그런 그가 850대 1로 맞서 하늘 문을 여는 기적을 일으킬 수 있었던 이유는, 약속의 말씀을 붙들고 기도했기 때문입니다.

◗

많은 날이 지나고 제삼년에 여호와의 말씀이 엘리야에게 임하여 이르시되 너는 가서 아합에게 보이라 내가 비를 지면에 내리리라 왕상 18:1

하나님께서는 엘리야에게 비를 내리겠다고 약속하셨습니다. 아직 비가 내릴 만한 징조가 아무것도 없었지만, 엘리야는 이 약속을 붙들고 기도의 자리로 나아갑니다. 그리고 약속의 말씀이 반드시 이루어질 것이라 믿으며, 그의 사환에게 일곱 번이나 다시 가서 확인해보라고 합니다. 눈에 보이는 변화나 응답이 없어도 끝까지 기도할 수 있었던 근거는, 오직 약속의 말씀을 굳게 붙드는 것이었습니다. 엘리야라는 사람 자체가 위대해서가 아니라, 하나님의 말씀을 의지한 기도가 능력이 있었기 때문에 큰 비를 내리는 기적이 일어난 것입니다.

한 아이가 아빠에게 축구공을 사달라고 졸랐습니다. 아빠는 이번 시험에서 영어 100점을 맞으면 사주겠다고 약속했습니다. 그런데 아이가 진짜 영어 100점을 받게 되었습니다. 아들은 당당히 아빠에게 가서 "아빠, 저 100점 받았어요!"라고 했습니다. 그런데 아빠가 "그래, 잘했구나!" 하고 더 이상 아무 반응도 하지 않자 아들은 아버지에게 한마디를 던집니다.
 "아빠, 약속했잖아요."

강력한 기도는 하나님의 약속을 붙드는 기도입니다. 조짐이 없어도, 눈에 보이는 응답이 없어도, 우리에게는 강력한 하나님의 말씀이 있습니다. 엘리야처럼 "하나님이 약속하셨잖아요"라고 하며 하나님의 말씀을 근거로 기도할 때, 하나님께서는 놀라운 응답의 기적을 허락하실 것입니다.

Q7. 엘리야가 붙든 것은 무엇이었을까요? (왕상 18:1)

A. _____

Q8. 내가 붙들고 있는 말씀이 있다면 적어봅시다.

A. _____

2 움직이는 기도로 나아가십시오

구하라 그리하면 너희에게 주실 것이요 찾으라 그리하면 찾아낼 것이요 문을 두드리라 그리하면 너희에게 열릴 것이니 마 7:7

하나님께서는 우리가 구할 때, 반드시 주시겠다고 약속하셨습니다. 여기서 한 걸음 더 나아간 기도의 원리를 찾아볼 수 있습니다. '구하라'와 '찾으라'는 각각 "간절히 구하다"와 "움직이다"라는 원어의 뜻을 담고 있습니다. 간절한 마음으로, 움직이는 기도를 하라는 것입니다. 움직이는 기도란 무엇일까요? 하나님께 간절히 기도한 후, 기도의 방향을 따라 움직이는 단계까지 나아가야 한다는 것입니다.

느헤미야는 아닥사스다 왕의 마음이 변하여 성벽 재건을 완성하도록 간절히 기도했습니다. 그러던 어느 날, 수심 가득한 느헤미야의 얼굴을 보고 아닥사스다 왕이 그 이유를 물었습니다. 이때 느헤미야의 대답이 참으로 놀랍습니다.

왕에게 아뢰되 왕이 만일 좋게 여기시고 종이 왕의 목전에서 은혜를 얻었사오면 나를 유다 땅 나의 조상들의 묘실이 있는 성읍에 보내어 그 성을 건축하게 하옵소서 하였는데 … 또 왕의 삼림 감독 아삽에게 조서를 내리사 그가 성전에 속한 영문의 문과 성곽과 내가 들어갈 집을 위하여 들보로 쓸 재목을 내게 주게 하옵소서 하매 내 하나님의 선한 손이 나를 도우시므로 왕이 허락하고 느 2:5,8

느헤미야는 왕의 질문에 마치 기다렸다는 듯 대답을 쏟아냅니다. 성벽 건축에 소요되는 기간, 필요한 재료, 심지어 감독까지 지정한 후 왕에게 그 모든 것을 상세히 대답했습니다. 그의 대답을 보면 그가 성벽 재건을 얼마나 철저히 준비하고 계획했는지 알 수 있습니다. 그는 언제든 하나님의 때에 일이 시작되도록 만반의 준비를 다 마친 상태였던 것입니다. 왕은 느헤미야의 요구대로 응하게 되고, 이때부터 성벽 재건의 역사가 본격적으로 시작됩니다.

하나님께서는 느헤미야와 같이 '찾는 기도', '움직이는 기도'에 응답하십니다. 엘리야가 사르밧 과부를 만나 병의 기름이 떨어지지 않는 기적을 일으켰을 때에도 과부가 병을 구해오는 움직임이 있었습니다. 기적은 하나님이 일으키셨지만, 병을 많이 구해오는 것은 과부의 몫이었습니다. 예수님께서 가나의 혼인 잔치에서 물을 포도주로 바꾸셨을 때도, 물 떠온 하인들의 순종이 있었습니다. 5천 명을 먹인 오병이어의 기적에서도, 보리떡 다섯 개와 물고기 두 마리를 내어드린 소년의 헌신이 있었습니다. 이러한 움직임이 있을 때 하나님께서는 그것을 통하여 역사하시는 것입니다.

이처럼 움직이는 기도는 내게 주어진 현실에 최선을 다하는 기도입니다. 하나님의 백성은 하나님의 응답이 반드시 온다는 것을 믿고 기도하며, 최선을 다해 준비해야 합니다. 그렇다고 해서 대단한 아프리카 선교나 특별한 프로젝트를 거창하게 준비하라는 것이 아닙니다. 내게 주어진 현실 안에서 최선을 다하라는 것입니다. 현실에서 주어진 일이 있는데 그것은 방치한 채 기도만 열심히 하는 것이 아니라, 내가 맡은 일에 충성을 다할 때, 주님은 움직이는 기도를 통하여 예루살렘 성벽 재건과 같은 놀라운 역사를 일으키실 것입니다.

제가 첫 선교지로 아프리카에 도착했을 때, 선교사로서 제게 주어진 사역은 아무것도 없었습니다. 매일 집 앞마당을 쓸고, 제가 먹은 그릇을 설거지하는 것이 하루 일상의 전부였습니다. 처음으로 선교사로서 파송을 받고 아프리카까지 왔는데, 사역 하나 없이 있으려니 많은 생각이 들었습니다. 때로는 '하나님이 진짜 나를 여기로 부르신 것이 맞나?' 싶은 비전에 대한 의문까지 들었습니다. 그러나 지금 돌아보면, 그때가 어느 때보다도 하나님과 가장 친밀하게 교제했던 시간이었습니다. 인터넷도 안 되고, 밤에는 불도 안 들어오니 할 것이 찬양과 기도뿐이었습니다. 캄캄한 방 안에서 홀로 찬양을 부르고 기도하며 매일 밤을 보내기를 8개월쯤 지났을 때, 마침내 고아원 사역의 문이 열리게 되었습니다. 맡겨진 일이 작아도 그 자리에서 묵묵히 감당할 때, 그 일의 연장선상에서 주님의 큰 그림을 이어가시는 하나님의 섭리를 발견할 수 있었습니다.

하나님의 타이밍은 반드시 옵니다. 내게 주어진 현실이 작고 미미할지라도, 움직이면서 최선을 다해 준비할 때, 하나님께서는 그 작은 충성을 통해 응답의 큰 그림을 완성하실 것입니다. 성실히 움직이는 기도를 하는 자에게 하나님은 반드시 응답하십니다.

Q9. 기도와 함께 내가 할 수 있는 '움직이는 기도'에 대해 적어봅시다.

A.

▌▌▌ 3 말씀을 깨달았을 때 기도해야 합니다

성경은 살아 계신 하나님의 말씀입니다. 우리 삶의 모든 문제의 해답이 다 성경에 기록되어 있습니다. 그러나 인생의 문제가 찾아왔을 때, 가장 먼저 성경을 내려놓으려 하는 경우가 있습니다. 우리는 오히려 문제를 만났을 때, 더더욱 말씀의 자리에 있어야 합니다. 이해되지 않아도 말씀을 꾸준히 읽다보면 하나님의 때에 반드시 깨닫게 하시기 때문입니다.

다니엘은 어린 나이에 포로로 끌려갔습니다. 나라가 망하고, 젊은 나이에 포로생활을 하는 절망스러운 순간이었습니다. 그런데 불안한 상황 속에서도 다니엘은 말씀을 읽었습니다. 그리고 그는 70년이 끝나면 하나님의 백성들이 고국으로 귀향하게 된다는 약속의 말씀을 깨닫게 됩니다.

곧 그 통치 원년에 나 다니엘이 책을 통해 여호와께서 말씀으로 선지자 예레미야에게 알려 주신 그 연수를 깨달았나니… 단 9:2

꾸준히 말씀을 읽어나가던 다니엘은 결국 하나님의 말씀을 깨닫는 놀라운 은혜를 경험합니다. 그리고 말씀에서 얻은 깨달음을 즉각 기도로 연결합니다.

내가 금식하며 베옷을 입고 재를 덮어쓰고 주 하나님께 기도하며 간구하기를 결심하고 단 9:3

다니엘은 깨달은 말씀을 놓치지 않고, 그것을 기도의 자리로 연결했습니다. 다니엘의 기도의 능력은 여기에 있었습니다. 하나님의 말씀을 깨닫는 것에 그치지 않고 그것을 품고 기도했을 때, 하나님의 뜻을 깨닫는 영안이 열리게 된 것입니다.

지금 바로 말씀의 자리로 나아가보십시오. 성경을 자주, 오랜 시간 가까이해보시기 바랍니다. 하나님께서 적기에 말씀을 깨닫는 은혜를 반드시 부어주실 것입니다. 말씀의 깨달음을 품고 기도의 자리까지 나아갈 때, 하나님의 큰 그림과 크신 섭리가 열리고 드러나게 될 것입니다.

Q10. 은혜받은 성경 구절 한 가지를 적어봅시다.

A.

Q11. 그것을 나의 말로 바꾸어 선포문을 적어봅시다.

A.

4. 주의 병에 담는 기도

ⅢⅠ 1 기도는 사라지지 않습니다

제 동생이 논산에서 훈련을 마친 후, 저와 가족들은 수료식에 다녀오게 되었습니다. 짧은 만남을 마치고 서울로 돌아가려던 순간, 제 마음에 세미한 음성이 들려왔습니다.

'상훈아, 그 차를 타지 마라.'

처음에는 성령님의 음성이 맞는지조차 확신이 서지 않았습니다. 그런데 웬일인지 어머니도 순순히 허락해주시고, 기도하며 주님께 물었을 때 마음의 눌림이 계속 남아 있어서 결국 가족들이 탄 차에서 저만 홀로 내렸고, 굳이 여러 번의 환승을 거쳐 번거롭게 집으로 가게 되었습니다.

제가 겨우 집에 도착했을 때, 집에는 아무도 없었습니다. 그리고 몇 시간 후, 병원에서 연락이 왔습니다. 어느 음주 운전자로 인해 가족들이 교통사고를 당했다는 소식이었습니다. 갑작스러운 사고 소식에 떨리는 마음으로 급히 병원으로 달려갔습니다. 형은 다리뼈가 다 드러날 정도로 중상을 입어 수술 대기 중이었고, 부모님도 외상을 입고 치료 중이었습니다.

차를 폐차해야 할 정도로 대형 사고여서, 경찰로부터 사고 경위를 듣게 되었습니다. 그러다가 교통사고 현장이 담긴 사진 한 장을 보게 되었습니다. 그런데 형체를 몰라볼 정도로 찌그러진 곳이 불과 몇 시간 전, 제가 타고 있던 조수석이었습니다. 순간 저는 충격에 휩싸였습니다.

'그때 내가 거기서 내리지 않았다면…'

그날 저녁, 사고 수습이 마무리된 후에 저는 병원 복도에 주저앉아 엉엉 울며 기도했습니다. 그때 하나님께서는 제가 초등학교 5,6학년 때 교회에서 혼자 기도했던 뒷모습을 생각나게 하셨습니다. 그리고 이렇게 말씀하셨습니다.

'상훈아, 내가 너의 기도를 찾아 쓸 것이다.'

하나님께서는 어릴 적 순수한 마음으로 드렸던 그때의 기도를 하나도 잊지 않으셨습니다. 어려운 가정 형편으로 놀 것도 없고, 갈 곳도 없던 저에게 교회는 하나님과 도란도란 대화를 나눌 수 있는 최고의 놀이터였습니다. 기도는 하면 할수록 즐거움이었고, 자연스레 기도 시간도 길어지게 되었습니다. 처음에는 한 시간도 좀이 쑤셨는데, 나중에는 한 번 앉으면 5,6시간도 금방 지나가게 되었습니다. 그 오랜 기도가 하나도 사라지지 않고 저를 큰 사고의 위기로부터 보호했던 것입니다.

하나님께서는 우리의 기도를 하나도 잊지 않으십니다. 우리 안에 기도가 풍성하게 되어질 때, 하나님은 기뻐하십니다. 기도는 하나도 사라지지 않고 모두 주의 병에 담깁니다. 모든 기도를 하나님은 잊지 않으시고, 반드시 응답해주실 것입니다. 그러므로 기도가 사라지지 않는 것을 믿으며 끝까지 기도해야 합니다.

> 또 다른 천사가 와서 제단 곁에 서서 금 향로를 가지고 많은 향을 받았으니 이는 모든 성도의 기도와 합하여 보좌 앞 금 제단에 드리고자 함이라 계 8:3

Q12. 나의 삶 속에서 기도가 사라지지 않았다고 느껴진 경험이 있나요? 함께 나누어봅시다.

A. _____
   _____

2 기도통장을 활용하여 기도해봅시다

《기도는 사라지지 않는다》(규장)를 출간한 후, 많은 분의 후기를 읽게 되었습니다. 책을 통해 다시 기도를 회복하고, 기도 루틴을 세웠다는 반가운 소식들을 접할 때마다 감사한 마음이 들었습니다. 몇몇 분들은 '기도통장' 운동을 하고 싶은데, 구체적인 방법을 모르겠다며 질문을 해주시기도 했습니다. 이것만이 기도의 정답은 아니지만, 제가 목회하면서 기도에 가장 큰 도움이 되었던 방법이었습니다.

교회 등록한 지 얼마 안 된 성도님이 제게 이런 질문을 했습니다.

"목사님, 기도통장 운동이 다 끝나고 통장을 내면 돈으로 바꿔주나요?"

참 신선하고 재미있는 질문이었습니다. 저는 웃으며 이렇게 답해드렸습니다.

"은행에 가도 돈으로 바꿔주지는 않습니다. 하지만 돈으로도 환산할 수 없는 더 좋은 것을 주실 것입니다. 기도는 구원받은 자녀에게 주시는 가장 좋은 특권이자 은혜입니다."

　기도통장은 마치 통장에 돈을 저축하는 것처럼, 통장에 기록하는 것입니다. 당연히 기도는 돈의 가치로 환산할 수 없습니다. 다만 통장에 돈을 예금하고 쌓인 것을 보면 기분이 좋아지듯이 기도통장을 통해 기도가 쌓이는 것을 보면 기도 시간을 잊지 않고 기억하고, 영적 가치에 도전하며 서로 열심을 내도록 동기부여를 하기 위한 것입니다.

　기도의 방법도 다양합니다. 기도를 처음 시작할 때는 길을 걸으면서, 운전하면서, 대중교통을 이용하면서 주님과의 교제를 시작하는 것입니다. 그러다가 주님과의 교제가 많아지면 본격적으로 기도의 자리로 나아갈 수 있습니다. 이렇게 기도의 맛을 보면 기도를 더 누리고 싶어집니다. 기도 시간을 사모하는 마음으로 교회에서 점점 더 오래 기도할 수 있게 됩니다.

　기도에 대해 가장 강조하는 것은, 기도는 '관계'라는 사실입니다. 누군가를 사랑하면 그 사람과 더 오래 함께하고 싶어지고, 좋은 기억도 많이 쌓고 싶어집니다. 이처럼 기도의 가장 중요한 가치는 우리가 주님과 교제하고 관계 맺는 것입니다. 물론 하나님께서 우리의 기도에 응답하시지만, 그렇다고 해서 기도가 단지 수단으로서, 나의 목적만을 이루려는 도구가 되지 않도록 주의해야 합니다. 기도통장의 본질은 하나님과 내가 쌓아가는 친밀한 관계임을 반드시 기억해야 합니다.

3 기도의 자리에 오래 머물러봅시다

예수님께서는 "너희가 한 시간도 깨어 있을 수 없더냐"라고 말씀하셨습니다. 이는 영어 성경에서 'one hour'라고 명시되어 있습니다. 즉, 기도할 때 재빨리 해치우는 것이 아니라 충분한 시간을 가져야 한다는 것입니다. 내 삶에서 기도를 녹여내고 교제의 기쁨을 맛보면, 자연스럽게 기도의 시간이 늘어나게 됩니다. 친하게 지내고 싶은 사람이 있으면 조금이라도 더 오래, 더 깊이 대화하고 싶은 것처럼, 우리의 기도도 하면 할수록 자연스레 깊어질 것입니다.

Q13. 하루 중 예수님과 기도하는 시간이 얼마나 되나요?
(말씀 / 기도 / 찬송 등)

A. _____

…하늘에 계신 너희 아버지께서 구하는 자에게 좋은 것으로 주시지 않겠느냐 마 7:11

하나님께서는 찬송받기 위해, 또 우리와 교제하기 위해 사람을 지으셨습니다. 그러므로 기도할 때 우리는 하나님께서 만드신 목적, 즉 정체성에 합하게 됩니다. 기도를 통해 하나님과의 대화가 많아질수록 우리의 영도 풍성해집니다. 결국 기도는 나를 위해, 혹은 응답을 위해 하는 것이 아닙니다. 먼저는 기도를 통해 하나님의 마음이 기쁘고 나의 영도 풍성하게 되며, 하나님의 전적인 은혜로 응답의 선물까지 누리는 것입니다.

어린 시절 기도를 마친 후에 항상 하던 습관이 있습니다. 캄캄해진 밤하늘을 한번 올려다보는 것입니다. 그때의 감격과 기쁨을 지금도 잊을 수가 없습니다. 하나님과 대화를 오래 한 후 밖에 나와 하늘을 바라보면, 꼭 마음이 부자가 된 듯한 기분이 들었습니다.

사랑하면 더 오래 같이 있고 싶어집니다. 그런데 만약 어떤 남편이나 아내가 이렇게 말했다고 상상해봅시다.
"여보, 진정한 부부라면 하루 20분 이상은 대화를 나눠야 한대요. 지금이 8시니까 우리 8시 20분까지만 딱 얘기합시다. 준비, 시작!"
만약 배우자와 이런 대화를 한다면, 참으로 속상할 것입니다. 진짜 사랑하는 사이라면 함께 시간을 보내는 것이 의무가 되지는 않을 것입니다. 사랑하면 자연스럽게 더 많은 시간을 가지고 싶어지기 때문입니다. 기도도 마찬가지입니다. 10분 기도하기로 결단했는데 1,2분에 한 번씩 시간을 확인한다면, 기도를 받으시는 하나님의 마음도 안타까울 것입니다. 시간을 채우고 숙제를 해내려는 의무감이 아닌, 교제를 누리는 것 자체가 기도의 목적이 되어야 합니다.
우리는 예수님의 십자가 은혜를 힘입어 하나님의 형상으로 회복되었습니다. 이제는 새로운 신분으로 주님께 나아갈 수 있게 되었으며, 하나님과 교제하는 특권이 주어졌습니다. 이러한 특권을 사용할 때, 우리 안의 하나님의 DNA가 인식되고, 하나님의 형상을 닮은 새 사람의 모습으로 드러날 것입니다.

Q14. 기간을 정하여 기도통장을 기록해봅시다. 시간과 장소를 정하고, 일주일 동안 기도 루틴을 실행해봅시다.

A.

10과

하나님의 형상, 새 사람의 DNA

내가 천국 열쇠를 네게 주리니
네가 땅에서 무엇이든지 매면 하늘에서도 매일 것이요
네가 땅에서 무엇이든지 풀면 하늘에서도 풀리리라 하시고

마 16:19

1. 천국 열쇠를 돌리십시오

ⅠⅡⅠ 1 말씀으로 만물을 붙들고 계십니다

　우리에게는 다시 돌아갈 본향인 천국이 있습니다. 하나님께서는 우리가 이 땅에 살면서도 천국 백성의 정체성을 기억하고, 그에 맞는 권세를 누리며 사용하기를 원하십니다. "천국에 가면 상급이 있으니, 이 땅에서 고생만 하다가 오라"라고 하시지는 않습니다. 천국에서뿐 아니라 이 땅에서도 하나님의 형상에 담긴 풍성한 축복을 다 누리기를 원하십니다. 말씀을 통해 우리 안에 있는 하나님의 형상이 무엇인지 세세히 풀어주셨고, 그것을 사용하는 선포의 방법 또한 알려주셨습니다.

　그러나 방법을 이해하는 것만으로는 놀라운 변화를 경험할 수 없습니다. 아무리 효과적인 운동법을 알고 있어도, 직접 운동하지 않으면 건강해질 수 없습니다. 이처럼 우리에게 주어진 놀라운 하나님의 형상을 알고 배웠다면, 이제는 그것을 직접 사용해보시기 바랍니다.

> 이는 하나님의 영광의 광채시요 그 본체의 형상이시라 그의 능력의 말씀으로 만물을 붙드시며… 히 1:3

하나님께서는 말씀으로 모든 만물을 창조하셨습니다. 하나님의 입에서 나오는 말씀대로 만물이 지어졌습니다. 지금도 하나님은 말씀으로 만물을 붙들고 계십니다. 우리 주변의 모든 것, 즉 우리에게 주어진 모든 상황과 문제가 다 하나님 말씀에 붙들려 있다는 것입니다. 만물을 창조하신 하나님은 말씀으로 만물을 붙드시고, 그것을 우리에게도 주셨습니다.

2 천국 열쇠는 바로 말씀입니다

우리에게 주어진 말씀은 모든 문제를 여는 열쇠가 됩니다. 열쇠를 받으면 기분이 좋습니다. 금고 열쇠, 아파트 열쇠, 자동차 열쇠 등 열쇠를 받았을 때, 그 안에 어떤 좋은 것이 들어 있을지 기대하게 됩니다. 그런데 아파트나 집도 아닌, 무려 천국의 문을 여는 열쇠를 우리에게 주셨다는 것입니다.

> 내가 천국 열쇠를 네게 주리니 네가 땅에서 무엇이든지 매면 하늘에서도 매일 것이요 네가 땅에서 무엇이든지 풀면 하늘에서도 풀리리라 하시고 마 16:19

만물을 붙드는 열쇠는 바로 하나님의 말씀입니다. 말씀이 열쇠라는 사실을 알면 성경을 보는 관점이 달라집니다. 내용을 이해하고 동의하는 정도를 넘어, 내 삶의 모든 문제를 여는 열쇠를 얻을 수 있기 때문입니다.

성경 전체는 우리에게 주어진 말씀의 열쇠입니다. 그런데 열쇠의 종류에 따라 무엇을 풀 수 있는지도 달라집니다. 예를 들어, 내가 가진 것이 자동차 열쇠라면, 자동차 시동을 거는 데 사용해야 합니다. 자동차 열쇠를 가지고 금고를 열 수는 없습니다. 이처럼 말씀도 상황에 맞게 사용할 수 있어야 합니다. 다양한 말씀의 열쇠가 있으며, 적재적소에 맞게 사용해야 한다는 것입니다.

Q1. 우리 삶의 모든 것은 무엇에 붙들려 있나요? (히 1:3)

A. _____
_____

3 예수님은 천국 열쇠를 이렇게 사용하셨습니다

하나님의 아들이신 예수님도 천국 열쇠를 사용하셨습니다. 하나님이 말씀을 말하심으로 천지를 창조하셨던 것처럼, 예수님도 말씀으로 놀라운 기적을 행하셨습니다. 제자들과 배를 타고 건너가다 큰 파도를 만났을 때도 "바람아, 바다야, 잠잠하라, 고요하라"라고 소리 내어 꾸짖으셨습니다. 그러자 모든 만물은 예수님께서 선포하신 대로, 하나님의 말씀에 복종했습니다. 바람이 그치고 바다가 잠잠해졌습니다. 모든 자연이 하나님의 말씀에 순복한 이유는 모든 만물이 하나님의 말씀으로 지어졌기 때문입니다. 이처럼 예수님은 말씀으로 세상에 빛을 비춰주셨습니다.

참 빛 곧 세상에 와서 각 사람에게 비추는 빛이 있었나니 요 1:9

또한 광야에서 사탄에게 시험을 받으실 때도 '기록되었으되'라고 하시며, 이미 성경에 기록된 말씀을 선포함으로 사탄을 물리치셨습니다. 구약의 말씀을 인용하여 시험을 이기셨고, 이를 통해 우리에게 천국 열쇠를 사용하는 방법을 몸소 보여주셨습니다. 말씀을 선포할 때, 사탄이 물러나고 문제가 해결되는 열쇠가 되는 것입니다.

진실로 너희에게 이르노니 무엇이든지 너희가 땅에서 매면 하늘에서도 매일 것이요 무엇이든지 땅에서 풀면 하늘에서도 풀리리라 마 18:18

우리는 이미 천국 열쇠를 받았습니다. 예수님을 통해 그것을 사용하는 방법도 알게 되었고, 이제 받은 말씀을 사용하기만 하면 됩니다.

2. 선포의 권세를 사용하는 방법

1 천국열쇠가 나에게 주어졌습니다

세상의 시스템을 설계하신 하나님이 우리의 아버지가 되십니다. 하나님께서는 축복의 문을 여는 열쇠를 우리에게 주셨습니다. 우리는 말씀을 말함으로 축복의 열쇠, 천국 열쇠를 사용할 수 있습니다. 이것을 적재적소에 사용할 때, 우리 삶의 문제가 해결되고, 상황이 돌파될 것입니다. 하나님은 자녀 된 우리가 천국 열쇠를 상황에 맞게 사용하기를 원하십니다.

내가 또 다윗의 집의 열쇠를 그의 어깨에 두리니… 사 22:22

저는 기도하던 중, 하나님의 형상, 하나님의 DNA를 사용하는 방법을 글자에서 깨닫게 되었습니다. 하나님의 DNA를 사용하려면 "Declare(선포) and Align(정렬)"을 해야 한다는 개인적인 감동을 주셨습니다. 하나님께서 우리에게 주신 말의 권세를 사용하여 말씀을 '선포'하고, 그 말씀에 '정렬'할 때, 비로소 하나님의 형상, 하나님의 DNA가 내 삶에 풀어질 수 있겠다는 강력한 감동을 얻었습니다.

Q2. "나에게 천국 열쇠가 있습니다"라고 세 번 선포해봅시다. 그리고 옆 사람과 함께 "당신에게 천국 열쇠가 있습니다"라고 나눠봅시다.

A.

2 매일 하는 선포 루틴, 선포 캘린더

주어진 말씀을 선포하면 내 안에 하나님의 DNA가 드러나게 됩니다. 말씀을 적재적소에 기억하고, 묵상하고, 선포하기 위해서는 연습이 필요합니다. 처음 선포를 시작할 때, 효과적인 방법 중 하나는 바로 '선포 캘린더'입니다. '선포 캘린더'는 하루에 하나씩 말씀을 선포할 수 있도록 만든 달력입니다. 매일 해당하는 날짜의 선포문을 10번 이상 발성기관 밖으로 소리 내서 선포하는 것입니다. 말씀을 말하는 것에는 권세가 있고, 능력이 있습니다. 냉장고나 책상 등 잘 보이는 곳에 붙여두고 10번씩 반복하여 말하다보면, 그것이 내 안에서 견고해지면서 선포가 체질화되는 놀라운 변화가 일어납니다.

말씀에 기록된 하나님의 형상을 선포함으로써 하나님의 DNA가 드러나게 됩니다. 하나님의 형상을 닮아갈수록, 모나고 연약한 성격이나 성품이 바뀌고, 중독처럼 달라붙었던 죄악이 점점 떨어져 나가게 됩니다. 말씀을 선포함으로 개인의 삶의 변화가 나타나면 교회나 가정, 직장 등 내가 속한 공동체의 분위기도 변화될 것입니다. 이것이 주어진 천국 열쇠를 사용함으로 하나님의 DNA를 활성화하는 방법입니다.

Q3. 교재 뒤편에 수록된 선포 캘린더를 오려서 잘 보이는 곳에 붙여봅시다. 그리고 계획을 세운 후, 한 달간 매일 횟수를 정하여 선포해 봅시다.

A.

3 하나님의 DNA 12일 챌린지

《하나님의 DNA》는 교재에 앞서 출간된 책입니다. 책을 읽는 독자들이 좀 더 쉽게 책을 이해하고 따라 할 수 있도록 12과로 구성된 챌린지 영상을 제작하게 되었습니다. 챌린지가 진행될 당시 약 5천 여 명이 넘는 독자들이 신청하여 함께 은혜를 나누었습니다. 본 교재와 함께 챌린지 영상을 매주 한 개씩 시청해보시기 바랍니다. 본 교재의 학습을 효과적으로 도와주는 유익한 도구가 될 것입니다. (챌린지 영상은 유튜브 앱에서 '하나님의 DNA 12일 챌린지'를 검색한 후 시청하실 수 있습니다.)

Day 1. 변화의 출발	Day 2. 관계 정체성
Day 3. 권세 정체성	Day 4. 영의 정체성
Day 5. 감정 정렬	Day 6. 생각 정렬
Day 7. 언어 정렬 1	Day 8. 언어 정렬 2
Day 9. 일상 정렬	Day 10. 기도의 누림
Day 11. 곡조 있는 기도	Day 12. 승리하는 습관

3. 내 삶의 주인은 예수님이십니다

ⅠⅠⅠ 1 하루의 주인이 주님이심을 인정합시다

아침에 눈을 뜨면 우리가 가장 먼저 보는 것은 무엇입니까? 이 질문에 많은 분이 '스마트폰'이라고 답할 것입니다. 아무 목적이 없어도 일단 스마트폰을 켜고 밤 사이에 온 연락을 읽거나, 간밤에 올라온 뉴스 기사들을 확인하기도 합니다. 유튜브 앱에 들어가서 아무 영상이나 일단 틀어놓고 하루를 시작하는 분들도 있을 것입니다.

일어나자마자 무엇을 시청하느냐에 따라 그 하루가 결정된다는 이야기를 들은 적이 있습니다. 사람이 일어나자마자 15분 동안 무엇을 보느냐에 따라 하루에 받는 스트레스 호르몬의 양이 결정된다는 내용이었습니다. 그러므로 아침 15분 동안 무엇을 보고 듣느냐는 하루를 좌우하는 중요한 시간입니다. 그렇다면 우리는 무엇으로 하루를 시작해야 할까요?

하나님이 그 성 중에 계시매 성이 흔들리지 아니할 것이라 새벽에 하나님이 도우시리로다 시 46:5

내가 나의 침상에서 주를 기억하며 새벽에 주의 말씀을 작은 소리로 읊조릴 때에 하오리니 시 63:6

다윗은 새벽 시간에 하나님을 만나고 교제하는 시간을 가졌습니다. 그의 삶은 안락하고 편안할 때보다, 그렇지 못할 때가 더 많았습니다. 그러나 그는 안전하고 편안한 왕궁에 있든지, 쫓기는 신세로 어딘가에 피신해 있든지, 어떤 상황에도 영적인 깃발을 꽂으며 하루를 시작했습니다.

'새벽'이라는 시간에는 사실 성경적인 원리가 숨어 있습니다. 성경 속 놀라운 사건 중 새벽에 일어난 사건들이 많습니다. 홍해가 갈라진 사건도 새벽에 일어났고, 여리고 성이 무너진 것도 새벽에 일어난 일이었습니다. 예수님도 새벽 미명에 한적한 곳에 가서 기도하셨습니다(막 1:35).

> 새벽 아직도 밝기 전에 예수께서 일어나 나가 한적한 곳으로 가사 거기서 기도하시더니 막 1:35

새벽은 하루의 시작을 의미합니다. 하루의 시작을 가장 먼저 주님께 드린다는 것은, 이 하루의 주인이 주님이심을 인정한다는 의미입니다. 아침에 눈을 뜨면 가장 먼저 하나님을 찾으십시오. 하루를 시작하기 전에 조용히 앉아 "하나님, 사랑합니다"라고 말하며 하나님께 사랑을 표현해보시기 바랍니다. 좋아하는 성경 구절을 묵상하거나, 여러 번 소리 내어 읽는 것도 좋은 방법입니다. 다양한 방법으로 영적 가치를 묵상하며 하루를 시작해보시기 바랍니다.

Q4. 새벽 기도회에 참석하여 기도해봅시다.

A.

2 자기 전, 예수님 생각으로 마무리하십시오

하루의 시작만큼이나 중요한 것이 하루의 마무리입니다. 하루를 마치고 잠자리에 누워서 불필요한 유튜브나 SNS를 보게 될 때가 있습니다. 잠들기 직전까지 스마트폰을 보다가 잠드는 경우도 있을 것입니다. 그러나 이 시간에 스마트폰은 잠시 내려놓고 주님과의 교제 시간을 가져보시기 바랍니다.

먼저 눈을 감으며 분주함을 내려놓고, 이렇게 기도해보시기 바랍니다. "주님, 오늘 하루도 함께해주셔서 감사합니다." 이렇게 감사 기도를 드리며 오늘 하루 동안 받은 은혜를 하나하나 떠올려보는 것입니다. 감사 제목을 상기해보고, 내일도 함께해주시는 예수님을 기대하며 잠드는 것입니다. 평안한 상태로 잠이 들면, 꿈속에서도 평안하고 숙면을 취할 수 있다는 말도 있습니다. 잠들기 전에 이왕이면 더 많이 예수님을 생각하고, 기도하며, 찬양을 들으시기 바랍니다. 예수님과의 교제가 풍성해지면 훨씬 상쾌하고 평안한 아침을 맞이할 수 있을 것입니다.

자기 전에 천국을 상상하고 그려보는 것도 좋습니다. 천국의 관점에서 오늘의 나를 바라보며, 현재 염려하는 것들이 과연 천국에서도 중요한 것인지를 생각해보는 것입니다. 그러다보면 천국의 관점에서 생각하니 중요한 문제가 아니라 문제를 주님 앞에 내려놓고 자유할 수 있습니다. 내 생각보다 더 크신 하나님의 큰 그림을 바라보는 관점이 열리는 것입니다.

Q5. 보통 자기 전에 하는 습관이 있습니까?

A.

Q6. 자기 직전에 내가 보거나 듣는 것은 무엇입니까?

A.

Q7. 자기 전 아름다운 영적 루틴을 다짐해봅시다. 그리고 일주일간 실천해본 후 동역자들과 함께 나눠봅시다.

A.

3 기존의 습관 위에 선포의 루틴을 얹으십시오

천국 열쇠인 말씀을 받았다면 그것을 우리 일상 곳곳에서 떠올리고 선포해야 합니다. 그런데 새로운 습관 하나를 만드는 데는 21일 정도의 시간이 필요하다고 합니다. 그만큼 새로운 습관을 만들기에는 오랜 시간 연습이 필요합니다. 그러므로 말씀을 선포하려 할 때, 새로운 루틴을 작정하는 것보다 쉬운 방법은, 이미 가지고 있던 습관 위에 선포의 루틴을 올려놓는 것입니다. 사람마다 매일 각자의 루틴이 있습니다. 일어나자마자 양치하는 루틴, 옷을 입는 루틴, 커피를 마시는 루틴 등 우리가 굳이 노력하지 않아도 몸에 밴 습관들이 있을 것입니다. 이러한 습관 위에 말씀 선포도 자연스럽게 올려두고, 일상의 루틴과 함께 선포를 연습해보는 것입니다.

예를 들어 손을 씻거나 양치를 할 때도 선포를 할 수 있습니다. 기억이 잘 나지 않으면 선포하기 원하는 성경 구절을 자주 보는 거울이나 침대 옆에 붙여두면 좋습니다. 손을 씻을 때는 회개를 말하면서 "예수님의 보혈로 나는 용서받은 의인이 되었습니다(롬 3:24)"라고 선포해보는 것입니다. 옷을 갈아입으면서 "나는 그리스도로 옷 입었습니다(갈 3:27)"라고 선포할 수 있고, 신발을 신을 때에는 "나는 평안의 복음의 신을 신었습니다(엡 6:15)"라고 선포해볼 수 있습니다. 또 집 문을 열고 나갈 때 "빛이 나가신다! 길을 비켜라!"라고 외치며 하루를 시작해보는 것도 좋은 방법입니다. 이처럼 우리의 일상 속에서 선포의 루틴을 다양하게 연습하고 훈련할 수 있습니다. 이러한 연습이 반복될 때, 하나님의 형상이 내 안에서 더욱 풍성해질 것입니다.

Q8. 매일 하루를 시작하기 전에 하는 습관이 있습니까?

A. _____
_____

Q9. 습관과 함께 선포할 선포문을 적어봅시다.

A. _____
_____

4. 새 사람의 삶을 살아가십시오

1 영적 미니멀 라이프

'미니멀 라이프'라는 말을 들어본 적이 있습니까? 집 정리를 할 때 꼭 필요한 최소한의 물건만을 남겨놓는 방식을 의미합니다. 미니멀 라이프의 시작은 먼저 불필요한 물건을 버리는 것입니다. 이 과정 가운데 물건을 비우면서 마음의 여유도 생기고, 남과 비교하면서 불필요한 소비를 했던 습관도 점점 고치게 된다고 합니다. 생활을 단순하게 만들어 불필요한 일에 쓰던 에너지를 아끼고, 정말 중요한 일에 집중하여 사용하게 되는 것입니다.

하버드대학의 신학과 교수였던 헨리 나우웬은 어느 날 중증 장애인들이 모여 있는 공동체에 가게 됩니다. 헨리 나우웬이 "저는 하버드 교수인 헨리 나우웬입니다"라고 먼저 자신을 소개합니다. 그러자 그들은 "하버드가 뭐예요?"라고 되물었습니다. 그들의 반응에 헨리 나우웬은 충격을 받았습니다. 그날 밤 그는 일기에 이렇게 적었습니다.

"이곳 사람들은 내가 하버드 교수인 것에 관심이 없다. 나는 그저 헨리 나우웬일 뿐이다. 그들이 나를 대하는 방식은 하나님께서 인간을 대하는 방식과 가장 비슷하지 않았을까."

그렇다면 그리스도인은 어떤 것에 집중하며 살아야 할까요? 우리는 비본질적인 것이 아닌 하나님 앞에 서게 될 나의 본질적인 모습을 붙들고 살아가야 합니다. 이것이 바로 천국 백성의 세계관으로 살아가는 영적 미니멀 라이프의 기초입니다.

우리는 날마다 천국으로 향하여 가고 있는 천국 백성입니다. 따라서 천국의 방식과 세계관에 맞추어 살아가는 연습이 필요합니다. 넓은 집으로 이사하게 된 사람은 가구를 구매할 때, 현재 사는 집이 아닌 새로 이사할 집에 맞추어 가구를 삽니다. 만약 한 달 후 이사하게 된다면, 굳이 지금 사는 좁은 집에 맞는 가구를 살 이유가 없습니다. 더 넓은 새 집에 맞추어 치수도 재고, 인테리어도 어울리게 가구를 구매하며 새로운 이사를 준비할 것입니다.

이처럼 이 땅에 살지만 우리는 결국 천국으로 돌아가게 됩니다. 다시 돌아갈 천국 백성의 정체성을 기억하고 그것에 맞추어 사는 연습을 해야 합니다. 천국 백성의 정체성으로 사는 사람은 중요하지 않은 것들을 구별하고 절제할 수 있게 됩니다. 때로는 그것이 물건일 수도 있고, 인간관계나 일이 될 수도 있습니다. 그리스도인이 살아가는 영적 미니멀 라이프는 이 땅이 전부인 것처럼 사는 것이 아니라 하나님의 큰 그림을 보며 살아가는 것입니다.

2 우리의 사명은 외교관입니다

외교관은 자신의 사명을 위해 오랜 기간 해외로 파견되어 나갑니다. 그리고 사명을 다 마친 후에 본국으로 돌아가서 업적에 대한 평가를 받습니다. 우리에게도 돌아갈 본국이 있으며, 죽음 이후에는 반드시 천국으로 돌아가게 됩니다. 그렇다면 천국에 가기 전의 삶을 어떻게 살아가야 할까요?

영국의 작은 마을에 한 교회가 있었습니다. 교회의 성도들은 목사님의 설교를 잘 듣지 않고, 예배 시간에 졸거나 딴청 피우는 등 집중을 하지 못했습니다. 목사님은 안타까운 마음으로 성도들이 변화되기를 간절히 기도했습니다. 어느 주일날, 목사님은 종말에 대한 설교를 전했습니다.
"여러분, 우리는 깨어 구별된 신부가 되어야 합니다."
그럼에도 성도들은 듣는 둥 마는 둥 하며 말씀에 집중하지 않았습니다. 그래서 하루는 목사님이 교회의 천장 뒤편에 나팔 부는 사람을 숨겨 두고 설교 도중에 갑자기 "여러분, 지금 주님이 오십니다!"라고 하면서 나팔을 불게 했습니다. 하늘에서 우렁차게 나팔 소리가 들리자 성도들은 모두 겁에 질려서 황급히 의자 밑으로 숨었습니다. 목사님은 성도들을 안심시키며 자리에 앉힌 다음 이렇게 물었다고 합니다.

"여러분은 왜 숨었습니까? 내일이라도 당장 예수님이 오시는 것이 두려우십니까?"

그러므로 깨어 있으라 집 주인이 언제 올는지 혹 저물 때일는지, 밤중일는지, 닭 울 때일는지, 새벽일는지 너희가 알지 못함이라 막 13:35

예수님이 언제 오실지는 오직 하나님만 아십니다. 그것은 당장 내일이 될 수도, 한 달 뒤가 될 수도 있습니다. 만약 예수님께서 한 달 뒤에 오신다고 가정했을 때, 우리의 현재 모습은 어떻습니까? 언제든지 주님이 오실 것으로 생각하고 준비된 삶을 살고 있습니까?

한 달 뒤에 주님이 오신다면 일단 불필요한 생각, 행동을 하지 않게 될 것입니다. 대신 미뤄두었던 영적 루틴이나 정말 유익한 일들을 해나갈 것입니다. 이처럼 주님이 오신다는 것을 상상하기만 해도 내 삶에서 무엇이 불필요한 것인지, 무엇이 미루어 두었던 일인지를 알 수 있습니다. 이러한 기준으로 현재의 내게 주어진 삶에 최선을 다하되, 우리 삶의 불필요한 것들은 조금씩 정리정돈 해나가는 것입니다. 그럼 우리는 하나님의 아름다운 모습으로 자라날 수 있을 것입니다.

한 달 뒤에 주님이 오신다고 가정하면 무의미한 곳에 시간과 돈, 에너지를 낭비하지 않게 될 것입니다. 무엇이 중요한지 깨닫게 되면서 주님과 더 친밀한 교제를 할 수도 있을 것입니다. 우리 삶에서 아주 많은 것들이 변하게 될 것입니다.

Q10. 한 달 뒤에 예수님이 오신다면 내 삶에 무엇을 바꿀 것인지 적어봅시다.

A. ① 버려야 하는 일

....

....

② 새롭게 시작할 일

....

....

3 주님 만날 날을 준비하는 신부의 자세로 살아가십시오

　한 달 뒤에 주님이 오신다 해도, "주님, 저는 제 삶에 아무것도 바꿀 것이 없습니다"라고 고백할 수 있습니까? 실제로 주님이 언제 오실지는 아무도 모릅니다. 한 달 후가 될 수도 있고, 내일이 될 수도 있습니다. 중요한 것은 주님이 언제 오실지 정확히 아는 것보다, 언제든지 주님 만날 준비가 된 신부의 자세로 살아가는 것입니다.

　매일 '한 달 뒤에 예수님이 오신다면, 무엇을 준비할 것인가?'를 자주 질문해보시기 바랍니다. 한 달 뒤에 주님이 오신다고 하면 불필요한 물건, 인간관계, 감정에 마음을 두지 않게 됩니다. 대신 하나님의 시각으로 볼 때 정말 중요한 일만 할 수 있게 됩니다. 신랑 되신 예수님께 칭찬받을 만한 일에 집중하고, 신랑을 맞이하기 위하여 영적 생활에 깨어 있고, 거룩함으로 준비하게 됩니다.

…그가 구원의 옷을 내게 입히시며 공의의 겉옷을 내게 더하심이 신랑이 사모를 쓰며 신부가 자기 보석으로 단장함 같게 하셨음이라 사 61:10

주님은 우리와 함께하시고, 하나님의 뜻을 이루어 가기를 원하십니다. 우리를 통하여 우리 안에 있는 하나님의 좋은 것, 그분의 형상이 드러나기를 원하십니다. 이 땅에서만 사용할 수 있는 내 욕심, 내 필요, 내 부족함을 채우는 것이 목적이 아니라, 죽음의 문턱을 넘어서도 유효한 영적 가치를 위해 살아가시기 바랍니다. 나의 하루가 아닌 하나님의 하루가 되는 것입니다. 하루를 살아도 하나님을 위해 사는 것이 진짜 삶입니다. 이것이 그의 나라와 의를 먼저 구하는 천국 백성의 미니멀 라이프입니다.

그런즉 너희는 먼저 그의 나라와 그의 의를 구하라 그리하면 이 모든 것을 너희에게 더하시리라 마 6:33

하나님께서는 그분의 형상을 우리에게 주셨습니다. 그리스도 안에서 우리는 이미 신분이 바뀌었고, 소속이 바뀌었습니다. 이것이 영적 팩트이고 진짜 우리의 위치입니다. 우리는 천국 가는 길 위에 이미 올라 있는 자들입니다. 그러므로 천국의 방식, 문화를 이 땅에서 거듭 연습해나가야 합니다. 우리의 감정을 정렬하고, 생각과 말을 정렬하고, 태도를 정렬하며 하나님의 방식에 우리 삶의 영역을 맞추어 가면서, 매일 천국을 알아가는 기쁨을 누릴 수 있습니다. 이 땅에서도 천국을 맛볼 수 있으며, 궁극적으로는 영원한 천국에서 살게 될 것입니다.

하나님께서는 머지않아 천국의 혼인 잔치에 참여할 날들을 준비하며 우리를 기다리고 계십니다. 그러니 때로는 오늘 하루가 그저 의미 없는 것 같아도, 평범한 하루라 할지라도, 우리와 함께하시는 하나님을 날마다 묵상하고 그분의 마음을 알아가는 하루를 사십시오. '오늘의 나에게 주어진 하나님의 좋은 것은 무엇일까?', '하나님께서 이 일을 통해 역사하시려는 뜻은 무엇일까?' 하는 기대감으로 하나님의 하루를 살아가시기 바랍니다. 선포의 권세를 사용하며 하나님의 좋은 것들을 누리며 살아가시기를 바랍니다. 설령 지금의 내 모습이 아직 변화되지 못하고, 초라해 보여도 말씀이 말하는 놀라운 정체성을 선포하며 나아가면, 주님은 반드시 우리를 축복의 자리로 이끌어가실 것입니다. 예수님의 승리로 당신은 이미 승리했습니다. 당신은 하나님의 DNA를 가진 새 사람입니다. 하나님의 DNA를 통해 역사하실 새 사람의 모습을 기대합니다.

에필로그

새 사람의 정체성을 선포하라

전국에서 모인 청년들을 대상으로 설교한 적이 있습니다.

"우리는 모두 예수님으로 말미암아 하나님의 DNA가 회복된 존재입니다. 하나님의 DNA로 인해 지식에까지 새로움을 입은 자들입니다."

설교 내내 청년들은 저를 바라보며 눈을 반짝였습니다. 마치 처음 듣는 흥미로운 이야기를 듣는 듯, 모두가 경청하는 분위기였습니다. 청년들의 반응이 참 신기하면서 어떤 점이 그렇게 흥미로웠는지 궁금했는데, 설교 후 한 청년이 제게 와서 간증을 나눠주었습니다. 사회에서는 학벌, 집안 환경, 나이, 외모 등 갖가지 기준으로 평가당하기만 했는데, 말씀을 통해 '하나님이 바라보시는 나'의 정체성을 깨닫고 신선한 충격을 받았다는 것입니다. 그리고 많은 청년들이 설교를 듣고 '내가 누구인가'에 대한 질문에 새로운 정의를 내리기 시작했다고 합니다. 그들의 반짝이는 눈빛을 보며 저는 간절한 소원을 품게 되었습니다.

'더 많은 영혼들이 새 사람의 정체성을 알았으면 좋겠다.'

《하나님의 DNA》를 출간한 후, 교재로도 출판해달라는 문의가 많

왔습니다. 이미 《하나님의 DNA》를 읽고 독후감을 쓰거나, 제자훈련반 교재로 사용한다는 소식도 들려왔습니다. 모든 것이 하나님의 은혜이며, 과분하리만큼 감사한 일입니다. 교재를 준비하면서 쉬지 않고 고민했습니다. '어떻게 하면 이 시대의 그리스도인들이 주님 안에서 새롭게 된 정체성을 깨달을 수 있을까', '어떻게 하면 하나님의 DNA를 회복하며 살아갈 수 있을까' 고민에 고민을 거듭했습니다. 그렇게 반년 만에 정체성의 복음이 교재로도 나오게 되었습니다. 더 많은 사람이 이 책을 읽고, 우리 안에 숨겨진 놀라운 비밀을 발견하는 계기가 될 것이라 믿습니다.

우리는 본질에 목마른 시대를 살아가고 있습니다. 많은 이들이 진정한 '나'를 찾아 나섭니다. 그러나 스스로 규정하는 것은 사회적 스펙이나 자격일 뿐, 진정한 '나'는 아닙니다. 변하지 않고, 영원히 유지되는 정체성은 어디에도 존재하지 않습니다. 이것은 밖에서 찾을 수 있는 것이 아니라, 오직 예수 그리스도 안에서만 발견되어지는 것이기 때문입니다. 영원히 변하지 않을 정체성은 바로 우리 안에 있는 '하나님의 DNA'입니다.

나는 누구입니까? 오늘도 우리는 다른 사람들의 말을 통해 진정한 '나'를 찾아 나섭니다. 때로는 스스로의 엄격한 잣대로 규정당하고, 자신을 과소평가하며 살아가기도 합니다. 하나님께서 태초부터 우리 안에 주셨던 창조의 원형은 잊혀가고, '내가 생각하는 나', '다른 사람들이 평가하는 나'에게만 집중하는 것입니다. 그러나 진정한 성도는 내가 생각하는 '나'가 아닌 그리스도 안에서 '나'의 정체성을 붙들어야 합니다. 우리는 영광스러운 복음으로 새 사람이 되었습니다. 그리스도 안에서 이전 것은 지나갔고, 새롭게 된 존재입니다.

> 그런즉 누구든지 그리스도 안에 있으면 새로운 피조물이라 이전 것은 지나갔으니 보라 새 것이 되었도다 고후 5:17

"너는 소중한 존재야"라는 말 한마디에도 울컥할 만큼, '나'라는 존재는 끊임없이 질책당하고, 정죄감으로 억눌립니다. 그러나 하나님께서 우리에게 주신 것은 부족하고 연약한 DNA가 아닌, 새 사람의

DNA입니다. 이것을 붙들고, 이것을 기대해야 합니다. 새 사람의 정체성은 우리 삶을 완전히 뒤바꿀 터닝 포인트가 될 것입니다. 그리스도 안에서 새 사람의 정체성을 알고, 믿고, 선포할 때, 우리는 새 사람으로 지어져 가게 될 것입니다.

하나님께서 우리에게 주신 새 사람의 DNA를 바라보십시오. 우리는 예수님으로 말미암아 하나님의 DNA를 회복한 존재입니다. 소중한 하나님의 형상을 가진, 소중한 존재입니다. 하나님의 DNA를 발견하고 경험할 때, 이전과는 차원이 다른 놀라운 변화와 성장이 나타날 것입니다. 그것이 당신이 입은 새 사람의 옷이며, 점차 드러날 새 사람의 DNA입니다.

새 사람을 입었으니 이는 자기를 창조하신 이의 형상을 따라 지식에까지 새롭게 하심을 입은 자니라 골 3:10

Q&A 답안

주관적인 경험이나 생각을 적어보는 문항, 소리 내어 읽고 선포하는 문항은 답지에 수록되지 않았습니다. 개별적으로 자유롭게 적어보고, 주변 사람들과 나누어보시기 바랍니다.

1과 새 사람의 첫걸음

Q1. 미운 오리 새끼의 진짜 정체는 무엇이었습니까?
A. 백조

Q2. 미운 오리 새끼가 백조의 삶을 살게 된 것은 자신이 누구인지 깨달은 후였습니다. 그렇다면 우리가 진짜 변화된 삶을 살기 위해 알아야 할 것은 무엇일까요?
A. 내가 누구인지 알아야 함

Q3. 고아였던 아이가 부잣집에 입양되었습니다. 그러면 이 아이의 신분은 고아일까요? 아니면 부잣집 자녀일까요?
A. 부잣집 자녀

Q4. 고아였던 아이가 부잣집에 입양된 이후, 그가 가진 것과 할 수 있는 것은 무엇인가요? 위 내용에서 찾아 적어봅시다.
A. 따뜻한 밥과 반찬, 다양한 음식을 즐길 수 있고, 깨끗하고 세련된 옷과 신발을 가질 수 있음

Q5. 여인이 암소 열두 마리를 받기 전과 후, 여인의 외모와 태도는 어떻게 달라졌나요?

A. 볼품없고 초라했던 여인이 이제는 당당하고 유창하게 영어를 구사하는 세련된 여인으로 바뀜

Q6. 여인의 외모와 태도가 달라진 이유는 무엇인가요?

A. 자신이 암소 열두 마리를 받을 만한 가치 있는 존재라는 것을 알게 되었기 때문

Q7. 우리는 누구를 닮은 존재일까요? (창 1:26)

A. 하나님의 형상

Q9. 하나님께서 사람을 만드신 후에 하신 말씀은 무엇이었나요? (창 1:31)

A. 보시기에 심히 좋았더라

Q15. 하나님께서 우리를 위해 아끼지 않고 지불하신 대가는 무엇입니까?

A. 예수님

Q18. 우리는 무엇을 말하고 생각할 때 가장 안정된 존재일까요? 위 내용을 참고하여 답해봅시다.

A. 하나님의 말씀

Q19. 우리는 새 사람의 옷을 입었습니다. 새 사람의 모습에 어울리는 감정, 생각, 언어, 태도에는 어떤 것이 있을까요?

A. 기쁨의 감정, 하나님 생각, 칭찬하는 말, 겸손한 태도 등

2과 신분의 변화

Q1. 아들은 결국 누구에게로 돌아가게 되었나요? 그때 탕자의 마음은 어땠을까요? (눅 15:20)

A. 아버지께로 돌아감, 비참하고 초라하고 죄송한 마음

Q2. 우리에게는 돌아갈 품이 있습니다. 그곳은 누구의 품일까요?

A. 하나님의 품

Q3. 아들이 집으로 돌아왔을 때, 아버지는 어떤 행동을 하셨나요? (눅 15:20)

A. 거리가 먼데 달려가 목을 안고 입을 맞춰줌

Q4. 누가복음 15장 20절에 나온 '입맞춤'은 어떤 의미를 가지고 있나요? 위 내용을 참고하여 적어봅시다.

A. 깨끗하게 하다, 씻겨준다

Q6. 아버지는 아들을 맞이한 후 좋은 옷을 입히고 반지를 끼워주십니다. 이러한 행동은 어떤 의미가 있을까요? 위 내용을 참고하여 적어봅시다.

A. 아들의 신분을 회복시켜주심

Q7. 하나님께서는 우리를 어떤 신분으로 회복시켜주셨나요? (갈 4:7)

A. 아들

Q8. 우리는 하나님의 자녀가 되었습니다. 우리를 자녀 삼으시려고 대가를 치르신 분은 누구이며, 그 이유는 무엇일까요?

A. 예수님, 우리와의 인격적인 교제를 원하셨기 때문

Q14. 혈루증 앓는 여인이 자신의 병을 고치기 위해 찾아간 분은 누구입니까?

A. 예수님

Q16. 예수님이 여인을 향해 부른 첫 마디는 무엇이었나요? 여인을 누구라고 불러주셨나요?

A. 딸

Q18. 예수님께서 많은 사람 앞에서 여인을 '딸'이라고 부르신 이유는 무엇이었을까요? 위의 내용을 참고하여 답을 적어봅시다.

A. 공개적으로 자녀의 정체성을 회복시켜주시고, 사람들이 더 이상 여인을 해치지 않도록 막아주시기 위함

Q21. 예수님께서 세례를 받으신 후, 사탄에게 시험을 받게 됩니다. 이때 시험에 공통으로 쓰인 문장은 무엇인가요?

A. 네가 만일 하나님의 아들이어든

3과 권세의 회복

Q2. 예수님을 영접하면 무엇을 얻게 됩니까? (요 1:12)

A. 자녀가 되는 권세

Q3. 로마서 8장 17절을 찾아보고, 빈칸을 채워봅시다.

A. 자녀이면 또한 하나님의 (상속자)가 되었습니다.

Q4. 여러분은 하나님을 누구라고 부르고 있습니까? 갈라디아서 4장 6절을 참고하여 답해보십시오.

A. 아빠 아버지

Q5. 하나님께서 우리의 아버지 되심을 믿으십니까? 그렇다면 하나님의 권세는 누구의 권세가 되었습니까?

A. 나의 권세

Q6. 우리에게 주어진 권세는 무엇일까요? 창세기 1장 28절을 소리 내어 읽고, 답을 적어봅시다.

A. 다스림의 권세

Q8. 각 생물의 이름은 누구에 의해 지어졌으며, 어떤 방법으로 지어졌을까요?

A. 아담, 아담이 부르는 것이 곧 그 이름이 됨

Q9. 창세기 2장 19절을 통해 알 수 있는 사람에게 주어진 권세는 무엇일까요? 위의 내용을 참고하여 답해봅시다.

A. 말의 권세

Q10. 세상에서 가장 높은 권세를 가진 분은 예수님입니다. 그런데 예수님의 권세가 오늘날 누구에게 주어졌습니까?

A. 우리

Q11. 그리스도로 옷 입는다는 것은 어떤 의미입니까? 위 내용을 참고하여 답해봅시다.

A. 예수님의 권세와 능력이 우리에게 동일하게 주어진다는 의미

Q12. 성경에는 하나님의 이름이 많은 의미로 표현되어 있습니다. 위 내용을 참고하여 아래 빈칸을 채우고 묵상해봅시다.

A. ① 여호와 (닛시): 승리의 깃발 되시는 하나님, 아말렉과 전쟁에서 승리를 기념하는 이름 (출 17:15-16)

② 여호와 (이레): 준비하시는 하나님, 이삭 대신 양을 준비하시는 하나님,

쓸 제물을 준비하심 (창 22:14)

③ 여호와 (라파): 병을 치료하시는 하나님 (출 15:26)

④ 여호와 (샬롬): 평강의 하나님 (삿 6:24)

⑤ 여호와 (삼마): 거기 계시는 하나님 (겔 48:35)

Q13. 예수의 이름은 모든 이름 위에 가장 높으신 능력의 이름입니다. 위의 말씀들을 참고하여 예수의 이름으로 일어난 기적들을 두 가지만 말해봅시다.

A. 귀신을 쫓아냄, 앉은뱅이가 일어남, 병든 자가 치유됨

Q14. 아버지와 아버지의 친구분들이 조용해진 이유는 누구의 이름을 사용했기 때문입니까?

A. 할아버지의 이름

Q15. 우리에게는 예수의 이름이 주어졌습니다. 예수의 이름보다 더 큰 이름이 있을까요? 빌립보서 2장 9-10절을 적어보고, 질문에 답해봅시다.

A. 9 이러므로 하나님이 그를 지극히 높여 모든 이름 위에 뛰어난 이름을 주사 10 하늘에 있는 자들과 땅에 있는 자들과 땅 아래에 있는 자들로 모든 무릎을 예수의 이름에 꿇게 하시고 (빌 2:9-10)

Q16. 기적의 사건을 일으키신 예수의 이름이 오늘날 누구에게 주어졌을까요?

A. 우리

4과 영의 정체성

Q1. 하나님께서는 선악을 알게 하는 나무의 열매를 먹으면 어떻게 된다고 하셨습니까? (창 2:17)

A. 반드시 죽으리라

Q2. 선악과를 먹은 이후에 아담에게 어떤 결과가 나타났나요?

A. 영적인 죽음을 맞이함. 하나님과 단절되어 아름다운 교제가 끊어짐

Q3. 하나님과의 단절된 관계가 다시 회복된 이유는 무엇입니까? (롬 5:10)

A. 예수님이 우리를 대신해 십자가에 달려 죽으시고 부활하셨기 때문

Q5. 당신이 의인이 되었음을 믿습니까? 의인이라는 근거는 무엇인가요? 갈라디아서 2장 16절을 참고하여 아래 빈칸을 채워봅시다.

A. 이는 우리가 (율법의 행위)로써가 아니고 (그리스도를 믿음)으로써 의롭다 함을 얻으려 함이라

Q8. 임마누엘의 뜻을 적어봅시다.

A. 하나님이 우리와 함께 계시다

Q11. 우리는 누구에게 붙어있는 가지입니까? (요 15:5)

A. 하나님

5과 감정의 선택

Q4. 우리의 연약함을 도우시고, 친히 간구해주시는 분이 계십니다. 그분은 누구실까요?

A. 성령님

Q8. 하나님께서는 언제까지 우리와 함께하신다고 말씀하셨습니까? 마태복음 28장 20절을 읽고 답해봅시다.

A. 세상 끝날까지

Q9. 하나님께서 우리에게 '항상 기뻐하라'고 명령하신 이유는 무엇입니까?

A. 이미 기뻐할 만한 이유와 축복을 준비하셨기 때문

Q16. 그때 우리는 무엇을 붙들어야 할까요?

A. 말씀

6과 생각의 분별

Q1. 가룟 유다에게 예수님을 팔려는 생각을 넣어준 배후는 누구인가요? (요 13:2)

A. 마귀

Q9. 여러분의 소속은 어디입니까? 빌립보서 3장 20절을 소리 내어 읽어보고, 답해봅시다.

A. 하늘(천국)

7과 말의 능력

Q1. 창세기 1장 3절을 읽고 아래 빈칸을 채워봅시다.

A. 하나님이 (이르시되) 빛이 있으라 하시니 빛이 있었고 (창 1:3)

Q2. 예수님은 말씀이 어디로부터 나오는 것이라고 하셨나요? (마 4:4)

A. 하나님의 입으로부터

Q4. 말씀을 심고 관리한다는 것은 구체적으로 어떤 것을 의미할까요? 위 내용을 참고하여 적어봅시다.
A. 말씀을 듣고, 묵상하고, 선포하는 것

Q5. 예레미야에게 말하지 말라고 하신 것과 말하라고 하신 것은 무엇이었나요?
A. (아이라) 말하지 말고, (네게 무엇을 명령하든지 너는) 말할지니라 (렘 1:7).

Q6. 요한은 자신의 정체성을 어떻게 묘사하고 있습니까?
A. 예수께서 사랑하시는 제자

Q10. 믿음은 어디에서 난다고 말씀하고 있습니까? (롬 10:17)
A. 그리스도의 말씀을 들음에서

Q11. 우리의 믿음이 자라나기 위해서는 무엇을 많이 들어야 할까요?
A. 하나님의 말씀

8과 그리스도인의 태도

Q1. 빌립보서 2장 5절에 나오는 '마음'은 어떤 의미인가요? 위 내용을 참고하여 적어봅시다.
A. 태도

Q2. 빌립보서 2장 6절에 기록된 예수님의 태도는 무엇인가요?
A. 하나님과 동등됨을 취할 것으로 여기지 아니하시는 태도

Q4. 당신에게 겸손이 있음을 믿으십니까? 아래 빈칸에 다시 한번 적어보고, 선포해 보시기 바랍니다.

A. 내 안에 예수님의 (겸손)이 있다!

Q5. 베드로가 게네사렛 호수에서 선택한 것은 무엇입니까?

A. 말씀에 의지하여 그물을 내림

Q9. 작은 일에 순종한 사람에게 하나님께서는 어떤 복을 주실까요? (마 25:21)

A. 많은 것을 맡겨주시고, 주인의 즐거움에 참여하는 복을 주심

Q11. 예수님께서 배신했던 제자 베드로를 보시고 가장 먼저 물으신 것은 무엇이었나요? (요 21:15)

A. 네가 이 사람들보다 나를 더 사랑하느냐

Q13. 하나님의 모든 충만하신 것으로 충만하려면 먼저 무엇을 알아야 할까요? (엡 3:18)

A. 지식에 넘치는 그리스도의 사랑을 알아야 함

Q14. 고린도전서 13장 4-7절을 찾아 읽어보고, 사랑이란 무엇인지 적어봅시다.

A. 4 사랑은 오래 참고 사랑은 온유하며 시기하지 아니하며 사랑은 자랑하지 아니하며 교만하지 아니하며 5 무례히 행하지 아니하며 자기의 유익을 구하지 아니하며 성내지 아니하며 악한 것을 생각하지 아니하며 6 불의를 기뻐하지 아니하며 진리와 함께 기뻐하고 7 모든 것을 참으며 모든 것을 믿으며 모든 것을 바라며 모든 것을 견디느니라 (고전 13:4-7)

9과 새 사람의 기도

Q1. 우리가 하나님께 나아갈 자격을 얻게 된 이유는 무엇일까요? (엡 2:18)
A. 예수님으로 말미암아

Q2. 예수님께서는 주기도문의 첫 문장은 무엇입니까? 이 문장을 통해 알 수 있는 나와 하나님과의 관계는 무엇입니까?
A. 하늘에 계신 우리 아버지, 아버지와 자녀의 관계

Q3. 야고보서 5장 16절을 찾아 읽고, 다음의 빈칸을 채워봅시다.
A. 역사하는 힘이 큰 기도는 (의인)의 기도입니다 (약 5:16)

Q5. 우리가 회개하면 하나님께서는 하늘에서 듣고 어떻게 해주신다고 하셨나요? 역대하 7장 14절을 찾아서 적어보십시오.
A. 내 이름으로 일컫는 내 백성이 그들의 악한 길에서 떠나 스스로 낮추고 기도하여 내 얼굴을 찾으면 내가 하늘에서 듣고 그들의 죄를 사하고 그들의 땅을 고칠지라 (대하 7:14)

Q7. 엘리야가 붙든 것은 무엇이었을까요? (왕상 18:1)
A. 비를 내리리라고 하신 약속의 말씀

10과 하나님의 형상, 새 사람의 DNA

Q1. 우리 삶의 모든 것은 무엇에 붙들려 있나요? (히 1:3)
A. 하나님의 말씀

하나님의 DNA 주제별 선포 캘린더

소속 :   이름 :

1. 나는 하나님의 형상으로 창조되었습니다. 그러므로 내 안에 하나님의 DNA가 있습니다.

2. 내 안에 실재하시는 성령님으로 인해 나의 생각과 마음과 삶의 모든 영역이 변화됩니다.

3. 나는 자녀의 권세를 가진 자입니다. 하나님의 권세가 곧 나의 권세입니다.

4. 하나님께서 나를 보시는 대로 나도 하나님의 시선으로 나를 보겠습니다.

5. 내 삶에 하나님의 충만이 있습니다. 하나님의 속성과 성품과 권세가 내 안에 있습니다.

6. 나는 용서받은 죄인이 아니라 용서받은 의인입니다.

7. 주님이 내 안에 계시기에 나의 모든 생활습관과 언어가 변화되었습니다.

8. 나는 하나님의 형상으로 지음 받았습니다. 부정적인 감정은 내 것이 아님을 선포합니다.

9. 현실은 기뻐할 수 없다고 할지라도 말씀에 의지하여 기쁨을 선포합니다.

10. 하나님께서 나를 기쁨의 자리로 이끄십니다. 나는 하나님이 기뻐하시는 생각만 합니다.

11. 하나님으로부터 오는 생각만 받고, 하나님으로부터 오지 않은 생각은 거절하겠습니다.

12. 내 안에 계신 성령님께서 말씀을 생각나게 하십니다. 연약함을 도우시는 성령님을 의지합니다.

13. 하나님 말씀의 권세가 내게도 있음을 믿습니다.

14. 귀에 들린 그대로 행하리라고 말씀하신 주님, 내 혀 끝에 하나님 말씀을 둡니다.

15. 예수의 이름을 선포할 때 내 삶의 모든 영역 속에서 그 이름의 권세가 풀어짐을 믿습니다.

16. 나는 주님의 손에 붙들려 귀하게 쓰임 받는 존재입니다.

17. 나의 어떠함이 아닌 하나님의 말씀으로 나를 규정하겠습니다.

18. 이해되지 않아도 순종할 때 하나님의 숨겨진 DNA가 드러남을 믿습니다.

19. 하나님께서는 나의 기도를 너무 좋아하시고 기쁘게 받으십니다.

20. 기도는 한 줄도 사라지지 않습니다. 주의 병에 담겨지고 있음을 믿습니다.

21. 나의 기도를 통해 하나님과 더욱 친밀해지고 응답과 은혜가 풍성해집니다.

22. 기도의 눌림으로 그치지 않고 기도의 특권을 누리도록 하겠습니다.

23. 나는 주님을 찬양하고 높여드릴 때 가장 아름답게 빛나는 존재입니다.

24. 하나님을 찬양할 때 나의 불안과 걱정이 떠나가고 평안이 부어집니다.

25. 찬양할 때 하나님은 기뻐하시고 승리하는 새 힘을 하늘로부터 부어주십니다.

26. 나는 천국행 열차를 타고 있는 하나님의 자녀입니다. 비본질적인 것에 연연하지 않습니다.

27. 나는 하나님이 기뻐하시는 자요 하나님의 사랑받는 자입니다.

28. 나는 하나님이 원하시지 않는 것을 보거나 듣는 자리에서 떠나 복의 자리에만 거하겠습니다.

29. 나는 하나님의 유일한 사랑의 대상인 신부입니다.

30. 오직 하나님만 바라볼 때 은혜와 축복이 풍성해지고 악한 것은 자연히 떨어져 나갑니다.

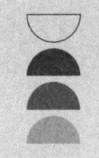

새 사람의 DNA

초판 1쇄 발행	2025년 4월 28일
초판 4쇄 발행	2025년 5월 14일
지은이	최상훈
펴낸이	여진구
책임편집	안수경 김도연 박소영
편집	이영주 최현수 구주은 김아진 정아혜
책임디자인	노지현 정은혜 ǀ 마영애 조은혜 남은진
홍보·외서	진효지
마케팅	김상순 강성민
마케팅지원	최영배 정나영
제작	조영석 허병용
경영지원	김혜경 김경희

303비전성경암송학교 유니게 과정
이슬비전도학교 ǀ 303비전성경암송학교 ǀ 303비전꿈나무장학회

펴낸곳	규장
주소	06770 서울시 서초구 매헌로 16길 20(양재2동) 규장선교센터
전화	02)578-0003 팩스 02)578-7332
이메일	kyujang0691@gmail.com
홈페이지	www.kyujang.com
페이스북	facebook.com/kyujangbook
인스타그램	instagram.com/kyujang_com
카카오스토리	story.kakao.com/kyujangbook
등록번호	1922-2461
since	1978.08.14

ⓒ 저자와의 협약 아래 인지는 생략되었습니다.
이 출판물은 저작권법에 의해 보호를 받는 저작물이므로 무단 전재와 무단 복제를 할 수 없습니다.

책값 뒤표지에 있습니다.
ISBN 979-11-6504-615-6 03230

규 ǀ 장 ǀ 수 ǀ 칙

1. 기도로 기획하고 기도로 제작한다.
2. 오직 그리스도의 성품을 사모하는 독자가 원하고 필요로 하는 책만을 출판한다.
3. 한 활자 한 문장에 온 정성을 쏟는다.
4. 성실과 정확을 생명으로 삼고 일한다.
5. 긍정적이며 적극적인 신앙과 신행일치에의 안내자의 사명을 다한다.
6. 충고와 조언을 항상 감사로 경청한다.
7. 지상목표는 문서선교에 있다.

하나님을 사랑하는 자 곧 그의 뜻대로 부르심을 입은 자들에게는 모든 것이 合力하여 善을 이루느니라(롬 8:28)

 규장은 문서를 통해 복음전파와 신앙교육에 주력하는 국제적 출판사들의 협의체인 복음주의출판협회(E.C.P.A:Evangelical Christian Publishers Association)의 출판정신에 동참하는 회원(Associate Member)입니다.